スポーツ新基本 >>> 卓球

短期間で絶対に上手くなる! 決定版

勝つための「卓球」

監修 多田 進
親愛ムーサスクール代表

マイナビ

Prologue 序章

短期間で選手を上達させる！

そのために私がやってきたこと

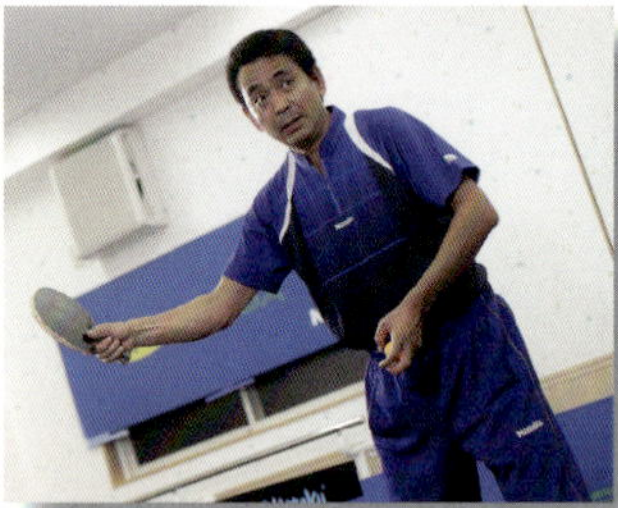

初心者をわずか2年4カ月で全国上位レベルに上達させる

こんにちは。親愛ムーサスクールの多田進です。みなさんに、本書『短期間で絶対に上手くなる！勝つための「卓球」』を読んでいただくにあたり、簡単な自己紹介を兼ねながら、まず私の卓球に対する考え方・指導理論を知っていただきたいと思います。

私は２００６年に退任するまで33年間、公立中学校で教鞭を執り、卓球部の顧問を務めました。中学教師としての卓球指導のテーマは、ただ一つ。

〈いかにして初心者を短期間で上達させるか──。〉

新入部員は、ルールはもちろん、ラケットの握り方さえ知らない生徒ばかりです。そんな彼らが3年生になるまでに、つまりは2年4カ月の指導期間で全国の強豪私立中学校の選手たちと対等に戦えるレベルまで上達させるのです。私には人に誇れる選手としての実績はありません。全日本チャンピオンを育てる知識も皆無です。ただし、初心者を指導する経験だけは積んできました。

1982年『全国中学校卓球大会』(女子団体)で、足立14中が優勝を決めた瞬間。

関正子さんとの出会いが卓球人生を大きく変えた

本書ではみなさんに、私が生徒を指導して積み上げた初心者上達法の極意を紹介したいと思います。その極意はもちろん、失敗と成功を繰り返しながら得た理論です。特に若いころは、現在から振り返ると恥ずかしくなるような失敗ばかりでした。

私は大学卒業後、東京・足立区立第14中学校に赴任。卓球部顧問に就いたのは2年目からです。当時の私は、若さゆえの熱意に任せて、相当激しい練習を生徒に強いていました。教えたことができなければ、夜遅くまで猛練習。苦手な技術があれば、その打法の練習だけ延々繰り返す。

実績のなかった弱いチームが、就任3年目には東京都で3位になったので、まったく成果が出なかったわけではありません。しかし、現在の私ならば、まったく違う方法で同じ結果を残せるでしょう。「指導力がないことは生徒に大きな負担を掛けてしまう」と痛感し、当時の生徒たちには申し訳なく思います。

その失敗の経験があったからこそ、後に「短時間練習と集中力の大切さ」に気付けたのですが…。

また同じ時期に、以降の私の卓球人生に大きな影響を与える人物と知り合いました。全日本卓球選手権シングルスを2度制し、世界選手権でも女子ダブルス・混合ダブルスで優勝された関正子（現在の姓は両沢）さんです。関さんは現役引退後、幼児から高齢者まで幅広い層の卓球愛好者の指導者として活躍されていました。練習内容、指導法、生き方…。さまざまなことを教わりました。私の指導者としての基本は、関正子卓球そのもの。初心者にフリーハンドの使い方を徹底させるのも、関さんの影響です。

足立14中卓球部は年々、好結果を残せるようになり、1982年の『第13回全国中学校大会』では遂に全国優勝することができました。実はその前年に、足立区のご厚意で選手をスウェーデンへ派遣する機会に恵まれました。試合内容・結果はボロボロでしたが、生徒たちは刺激を受けたのでしょう。もちろん、関さんにお世話になったのは言うまでもありません。多くの人に支えられて手に入れた優勝でした。

技術を個別に学ぶ「分習法」より丸ごと習得する「全習法」が良い

足立14中から転任した後、いくつかの学校を経て、97年に足立区立伊興中学校に赴任しました。この伊興中時代に、私の「初心者早期上達指導法」は完成に近づきます。

短期間で上達させる指導法のポイントは、「分習法」から「全習法」への切り替え。ひとつひとつの技術を時間を掛けてマスターさせる方法をやめて、全体を考えながら、完璧にできなくてもさまざまな技術にトライさせるようにしたのです。

具体的に説明しましょう。私は若いころから一貫して「基礎を大切に」という信念の下に指導してきました。ところが昔は基本を重要視するあまり、「バック打ちが勝敗のポイントだ」と思えば、1時間も2時間もバック打ちだけの練習を続けさせてしまったのです。もちろん、そんな集中しづらい練習では効率が良くありません。

対して伊興中時代は、たとえば前陣でのバック打

足立14中の優勝は当時、東京勢では初となる中学団体日本一の快挙だった。

ちを教えたら、次の日には中陣・後陣からの打ち方も指導します。その翌日にはバックドライブにもトライさせました。トータルで考えると、その練習法の方が、より短時間でより正確に、バックハンドの技術を習得できます。

唐突ですが、「塗り絵」を想像してください。端の方から塗り残しがないように丁寧に塗っていくよりも、まず色を塗る範囲を縁取ってから中の部分を塗っていく方が、早くてきれいに仕上がります。早期上達法も同じ考え方です。

では、最初にどの技術レベルを縁取ればよいのでしょうか？　私は試合をする上で必要なテクニックをひと括りと考えます。よって、ゲーム練習ができるレベルまで一気に指導しました。

ゲームは最高の練習方法の一つです。試合の中で生徒たちは驚異的なスピードで基本を身につけていきます。さらに自分に足りない技術も理解でき、練習の課題も見つかります。

多くの生徒に共通した初心者の段階での課題は、次に挙げる4項目です。

親愛ムーサスクールの生徒は真剣かつ楽しく卓球を学ぶ。

①フリーハンド
②手首の使い方
③ラケットの引き
④軸を中心とした回転運動

テクニックの詳細は本編で説明しますが、ゲームができるようになったら、上達のスピードは格段に上がります。

具体的な打法に関しては、ツッツキ打ちを早い段階でマスターさせました。中学生レベルでは、ツッツキ（下回転）への攻撃が圧倒的に多くなります。ツッツキ打ちは、勝敗を左右する大きな武器なのです。

決して「中学生レベルの試合に勝つためだけのテクニック」と誤解しないでください。いずれのテクニックも、初心者の段階を卒業した後でも必要になる将来的に重要なポイントです。極端なこと言えば、手首を柔らかく使えない選手は、絶対に全日本チャンピオンになれません。ラケットの戻しが遅い選手が、五輪に出場できる可能性もないでしょう。初心者の基本でありながら、トップ選手も常に備える技術ポイントであると理解してください。

2002年『第3回全国中学校選抜卓球大会』決勝で青森山田中に惜敗するも準優勝を果たした伊興中。

この早期上達法は、瞬く間に芽吹きました。赴任2年目に全国選抜大会に出場し、私にとっては足立14中以来の全国大会決勝進出。決勝戦では残念ながら青森山田中に敗れましたが、準優勝という満足のいく結果を残せました。単純には比較できないし、比べるべきでもありませんが、時代背景を考えれば、足立14中で成し遂げた全国優勝よりも価値があったかもしれません。私立中学校に優秀な生徒が集まる近年は、公立中学校が全国ベスト4に入ることさえ稀なのです。

「奇跡だ」と評してくれたメディアもありました。大会後の取材で「本当にみなさん、中学校に入学してから卓球を始めたのですか?」と質問され、誇らしかったことを覚えています。結果を残せた最大の理由は生徒たちの頑張りです。元気で素直で賢い生徒たち、保護者に恵まれた幸運にも感謝しました。

2003年『第34回全国中学校卓球大会』に出場した伊興中。圧倒的不利の前評判を覆し全国大会出場を果たした。

強くなる選手の10の特徴
早期上達には心の成長も不可欠

全国準優勝の翌年。新チームには不安を持っていました。学校スポーツでは良くあることですが、優秀な選手が卒業した翌年にチーム力がガクッと落ちてしまうのです。理由は、どうしても指導者の思い入れが期待の世代に偏ってしまうからでしょう。

新チームには、前チームほど能力のある生徒は揃っていませんでした。実際に試合も負けてばかりで、優勝杯返還チームと呼ばれていました。恥ずかしながら私自身も、多くは期待していませんでした。ところが、徐々に力をつけ始め、関東大会を勝ち抜き、夏の全国大会に出場することになりました。私にとっては、この世代の躍進こそ一番の奇跡でした。

私が指導してきた数多くの生徒たちの中で、急激に強くなる選手にはいくつかの特徴がありました。

①卓球が大好きで休まない選手
②自立心が強く、考えて練習する選手
③ハングリー精神が旺盛で研究熱心な選手

④我慢強い選手
⑤時間の使い方の上手い選手
⑥素直な選手
⑦プラス思考を持ち、仲間と仲良くできる選手
⑧トレーニングも練習も楽しく頑張れる選手
⑨何に対しても向上心が強く挑戦する選手
⑩物を大切に使う選手

早期上達法は、技術面に限ったものではありません。精神面の充実・心の成長も欠かせない要素です。

生徒たちのやる気を引き出すには、感動を与えることが一番。そのため、大学リーグ戦などレベルの高い試合を生で観戦させました。また、中学生スポーツですから保護者の協力も不可欠です。そのために、練習見学会をたびたび開き、ほぼ毎日のように部報『挑戦富士』を発行して、理解を得るとともに、選手のモチベーションを高める努力をしました。

すべては生徒たちの〝やる気〟のため。やる気は集中力と同意です。丸1日掛けてやる気のない練習を続けるよりも、2時間集中して取り組んだ方が確実に卓球が上手になります。

指導者としての最高の喜びはアドバイスで選手上達した瞬間

現在、私は主に小中学生や中高年世代の指導に当たっています。定年前に教職を辞した理由は、健康面の不安からなのですが、同時に小学生の指導にも興味を持っていました。子供のころから大活躍した福原愛選手の影響で、卓球の低年齢化が促進され、小学生からラケットを握り始める子供が増えました。夢は小学生チャンピオンを育てることです。

選手としての喜びは、試合に勝ったときに得られます。しかし、指導者としての最高の喜びは、試合の勝利ではなく、自分のアドバイスで選手の成長が見えた瞬間です。本書を参考にしてくださった初心者のみなさんが、少しでも卓球が上手になってくれたら、私にとってこれ以上の喜びはありません。

最後に、本書の指導内容は、最もポピュラーな「シェイクハンド・右打ち・攻撃マン・両面裏ソフトラバー」の選手に対するアドバイスです。それでは、初心者の早期上達法をご覧ください。

短期間で絶対に上手くなる!
勝つための「卓球」

CONTENTS

上達のためのコツ・練習法がDVDに満載！

付録DVDの使用法

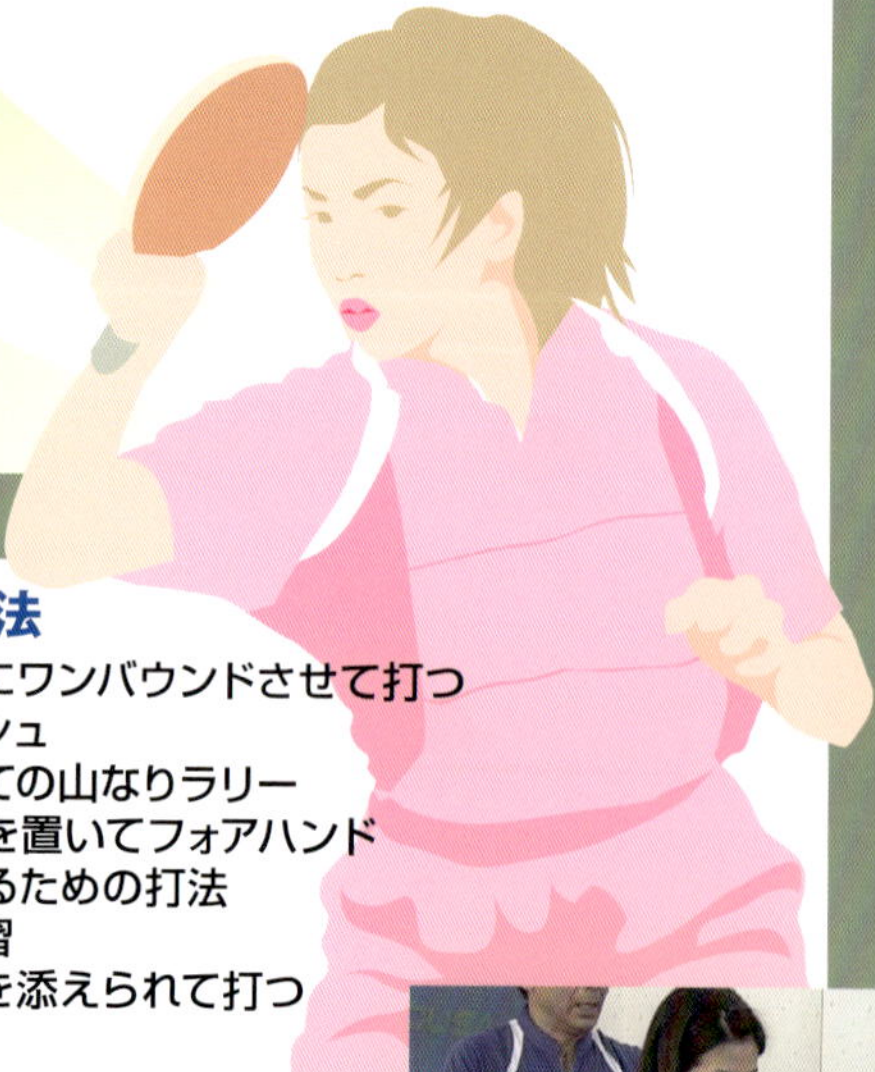

DVD 収録　コンテンツ

●上達を早めるための基本

グリップ
立ち位置 & スタンス
（バックハンド／フォアハンド）
姿勢 & 構え
打球点
（バックハンド／フォアハンド）
ラケットの角度
重心移動
フットワーク

●ライバルに差をつける基本ポイント

「フリーハンドの動き」を身につける
「手首の使い方」をマスターする
「ラケットの引き」を学ぶ
「カラダの回転」を利用して打つ

●バックハンド打法

前陣／中陣／後陣
バックハンドドライブ（順回転ボールに対して）
バックハンドドライブ（下回転ボールに対して）

●フォアハンド打法

前陣／中陣／後陣
フォアハンドドライブ（順回転ボールに対して）
フォアハンドドライブ（下回転ボールに対して）
ドライブ→ミート打ち→スマッシュ

●矯正練習法

ボールを床にワンバウンドさせて打つ
直接スマッシュ
台から離れての山なりラリー
台上に左手を置いてフォアハンド
軸を確立するための打法
ランダム練習
後ろから手を添えられて打つ

バックスウィングとフォロースルーはコンパクトに

★★★付録 DVD の操作方法★★★

■メインメニュー画面（下の画像）での操作

・ALL PLAY
本 DVD に収録されているすべての映像を連続で見ることができます。

・サブメニューボタン
「上達を早めるための基本」などのボタンを押すと、それぞれのサブメニュー画面にジャンプします。

■サブメニュー画面での操作

・**連続再生**　メニュー内のすべての映像を連続で見ることができます。
・**コンテンツボタン**　各コンテンツを選んで見ることができます。
・**戻る**　メインメニューに戻ります。

◎注意◎

本書の付録DVDはDVDビデオです。DVDビデオは映像と音声を高密度に記録したディスクです。DVDビデオ対応プレーヤーで再生してください。本DVDはDVDビデオ対応（専用）プレーヤーでの再生を前提に製作されています。DVD再生機能を持ったパソコンでも再生できますが、動作保証はできません。あらかじめご了承ください。ディスクの取り扱い、操作方法に関してのご質問・お問い合わせは、弊社は回答に応じる責任は負いません。くわしい再生上の取り扱いについては、ご使用のプレーヤーの取扱説明書をご覧ください。ご利用は利用者個人の責任において行なってください。本DVDならびに本書に関するすべての権利は、著作権者に留保されています。著作権者の承諾を得ずに、無断で複写・複製することは法律で禁止されています。また、本DVDの内容を無断で改変したり、第三者に譲渡・販売すること、営利目的で利用することは法律で禁止されています。本DVDや本書において落丁·乱丁、物理的欠陥があった場合には、TEL0480-38-6872（注文専用ダイヤル）までご連絡ください。本DVDおよび本書の内容に関するご質問は、電話では受け付けておりません。恐れ入りますが、本書編集部まで葉書、封書にてお問い合わせ下さい。

第1章

上達を早めるための基本

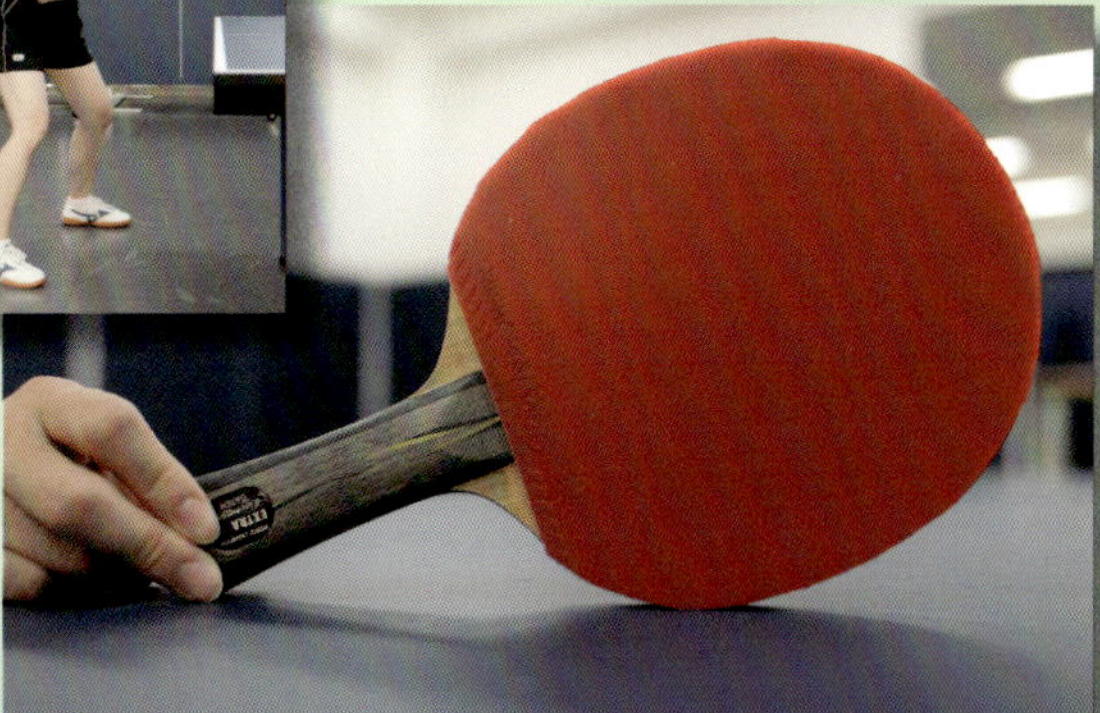

01

グリップ

手首をまっすぐにしてラケットを握る！

ラケットを握る力は、小鳥を逃がさず殺さずという程度。

ラケットを人差し指と親指ではさみ、握手するように握る。手首を上下に曲げずにまっすぐにすることが大切。

人差し指がラケットからはみ出さないように、深すぎず浅すぎず握る。

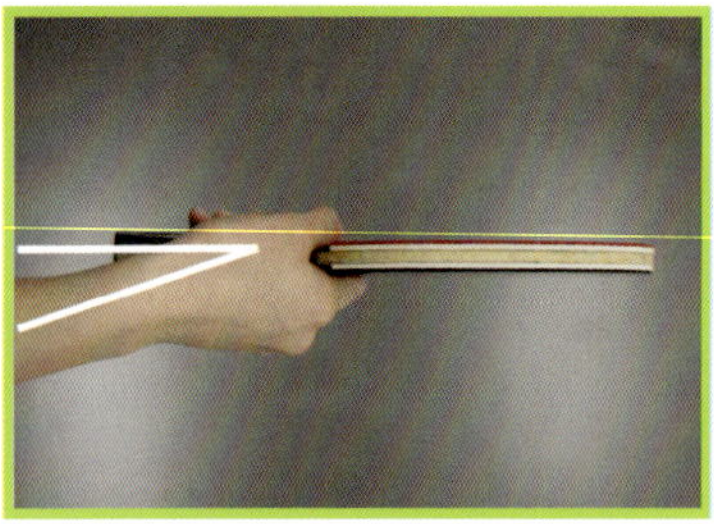

グリップを真上から見たときに、ラケットの柄と前腕に少し角度ができる程度が良い。

ラケットを握る角度は『30度』!

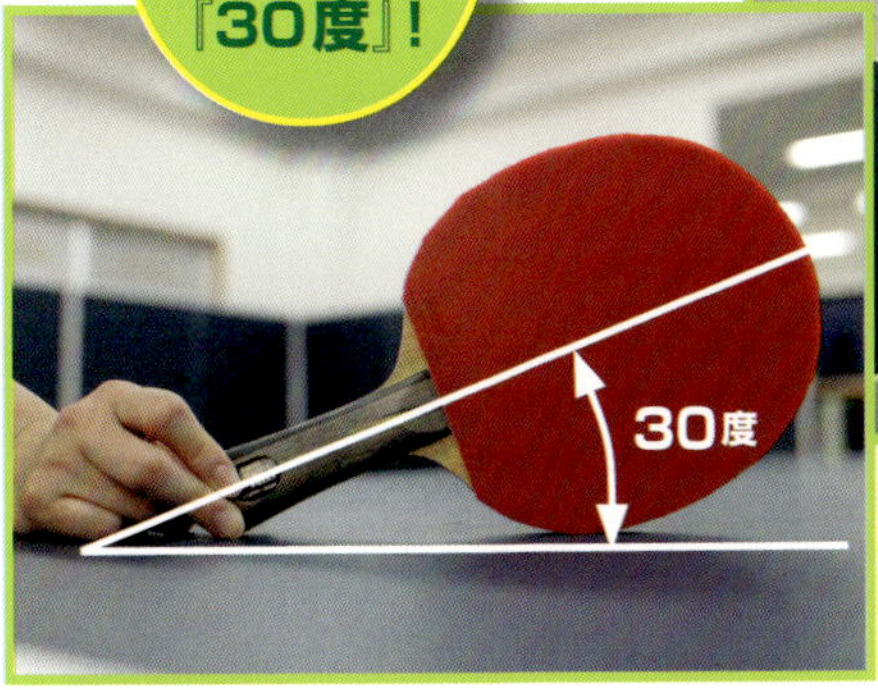

卓球台にラケットを上の写真のように置き、人差し指だけを伸ばし、親指と人差し指の間にラケットの面がくる形で真上から握る。30度上向きの基本的なシェイクハンドグリップの完成だ。

NG 手首を曲げてはいけない

手首が曲がってしまい、ラケットが上を向きすぎてしまったり、逆に下に向きすぎてしまわないように注意したい。右頁の写真のように、横から見て手首がまっすぐに伸びている形が理想的。

ラケットの握り方には、「シェイク」と「ペン」の2種類がありますが、ここではもっともポピュラーな右利きシェイクハンドを紹介します。

ラケットのヘッドが水平よりも30度上を向く握り方が基本です。ラケットを卓球台に立てて置いたときに、卓球台とラケットの柄の部分の角度が、ちょうど30度なので目安にしてください。

大切なのは、「自然な形で握る」こと。手首に力を入れすぎると、不自然に曲がってしまうので注意しましょう。ラケットが上向きすぎたり、下向きすぎたり、悪いクセがついてしまうと、後の頁で紹介する「手首の使い方」で苦労をします。グリップはすべてのプレイの基本です。まずは正しい「ラケットの握り方」を身につけましょう。

02

立ち位置&スタンス
卓球台の中央に立ってはいけない

[練習での立ち位置]

バックの場合

バック練習では、ネットに向かって卓球台の左角前に立とう。相手の返球が中央寄りになった場合は、右にステップして打球。はじめからセンター寄りに立っていてはいけない。

フォアの場合

フォアの場合は、ネットに向かってセンターラインよりも右側に立って練習しよう。お互いにコーナーを狙って返球することが大切。

順足（オーソドックス）スタンス

平行足スタンス

逆足スタンス

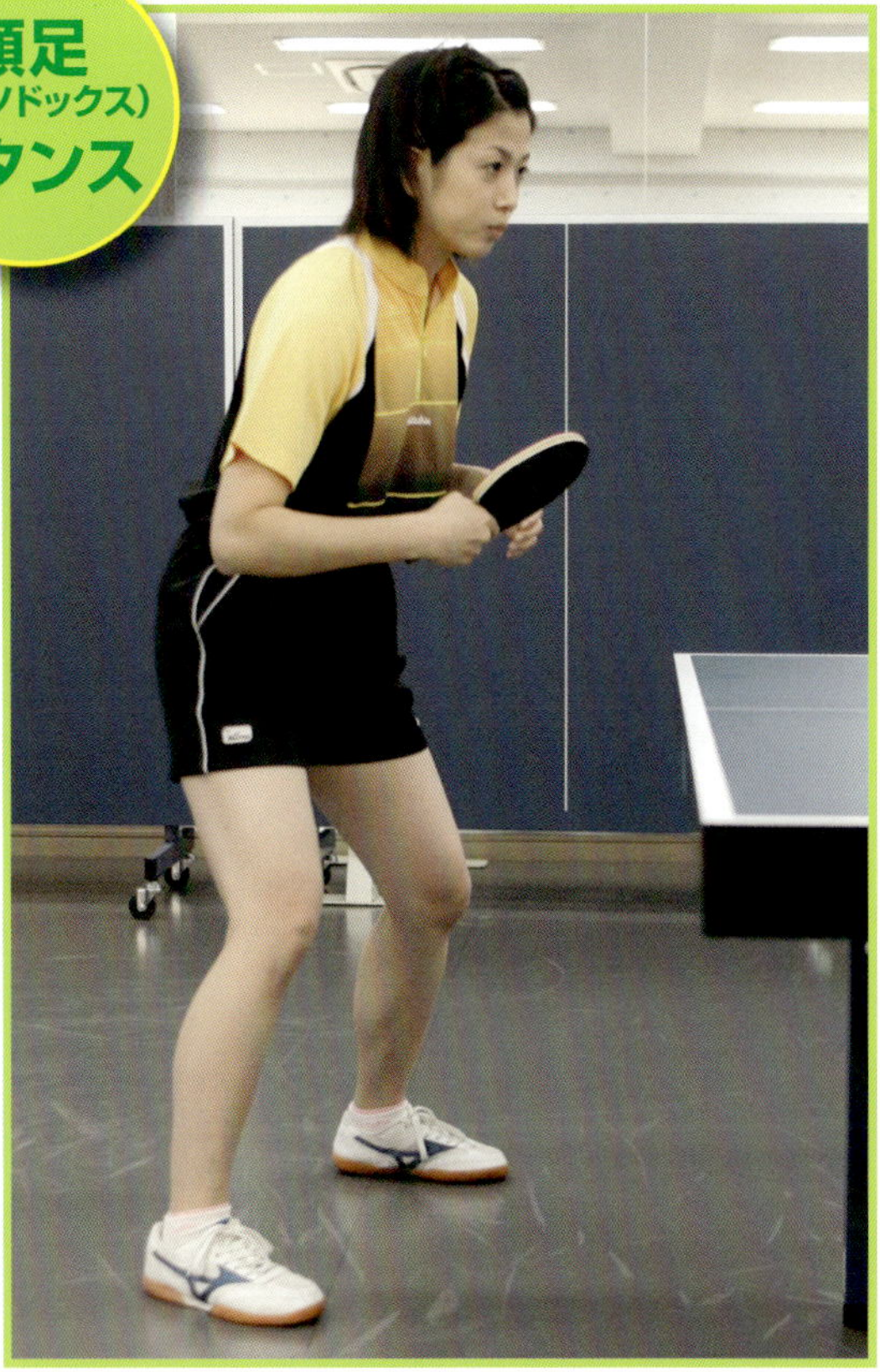

右足が前になった逆足や平行足でも打てるようにしよう。バックでは逆足の方が強い球を打てる。

順足はフォアを打ちやすいスタンスだが、バックの場合も、最初は順足で練習した方が良い。「咄嗟にフォアへ返球されても反応できるように」と常に意識することが大切だ。

NG スタンスが広すぎる

スタンスは、肩幅よりもやや広めが丁度良い。足を広げすぎて構えると、フットワークがしにくくなり、打球する際の反応がワンテンポ遅れてしまうので注意しよう。

「バック打ち」や「フォア打ち」の練習は、コーナーのボールに対応できる位置に立って行ないましょう。

スタンスは、左足が半歩前に出た形が基本（順足）です。試合では状況によって平行足、逆足での打球も求められます。それぞれのスタンスでも打球できるようにしましょう。

03

姿勢&構え

背筋を伸ばし肩の力を抜いて構える

スタンスは肩幅よりやや広めで、ラケットは右腰の前に。ヒザは軽く曲げる程度で、少しだけ前傾した姿勢をとる。

レシーブするときに、相手の打球を待ち構える体勢を基本姿勢といいます。基本姿勢は、自身の打球動作を開始する姿勢でもあります。

大切なのは、バックもフォアも必ず基本姿勢からスウィングをはじめること。連続して打つ場合も一度、基本姿勢に戻ってから次の打球動作に入ってください。

練習では相手がどこに返球してくるのかが分かっているので、基本姿勢に戻る動作をおろそかにしがちです。それだと、練習のための練習になってしまいます。「基本姿勢→スウィング→基本姿勢」のサイクルを常に心掛けましょう。

基本姿勢の悪いクセ❶
［ラケットの位置］

通常の「フォア打ち」「バック打ち」練習では、相手からの返球方向が一定しているため、基本姿勢への戻りを省いてしまいがちです。打球後は一度、基本姿勢に戻り、そこからスウィングをはじめるクセをつけましょう。

ラケットはバックもフォアも対処できる右腰の前に構える。

フォアだけを想定して、ヒジを開いて構えてはいけない。

ラケットの面を返し、バック打ちの体勢に入っている。

基本姿勢の悪いクセ❷
［上体の形］

肩や手首、腰の力を抜いて、フォア、バックどちらの打球にも反応できる体勢で構える。背筋を伸ばし、やや前傾した姿勢が望ましい。腕をダラリと下げるのではなく、両ヒジを曲げ、ラケットを胸の高さまでもってくる。

背筋を伸ばした状態からやや前傾した姿勢。

前傾しすぎても、直立していても、前後左右に俊敏な動きができない。

04

打球点
もっとも力の強く入るポイントで打つ

バック、フォアともに、一番力を入れやすいポイントで打球しましょう。具体的に言うと、バックの場合はカラダの真正面。フォアの場合は、自分の胴体と右前腕のつくる角度が、真上から見て110度になる位置です。練習相手に、拳でラケットを押してもらうと、力の入り具合が良く分かります。試してみてください。

バック
カラダの真正面で打つ

ラケットをカラダの正面に位置させるために右ヒジを張って構える。

NG 左側

NG 右側

打球点が左右にずれてはいけない。相手から左右に返球された場合も、ステップし常に正面で打球するよう心掛ける。

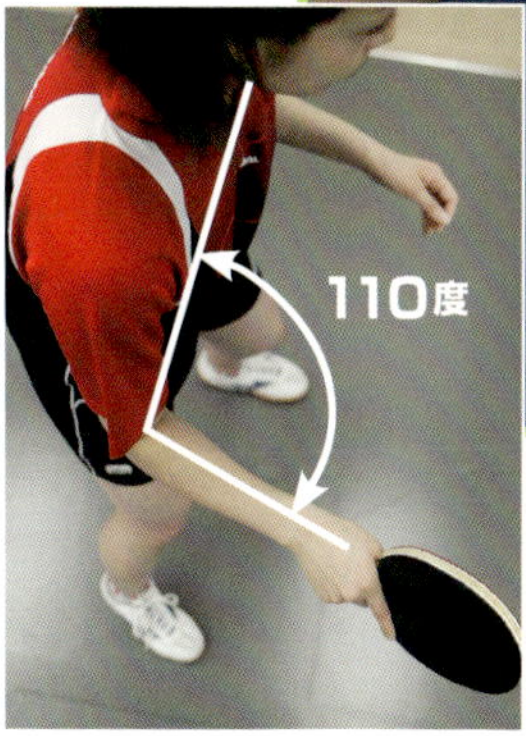

フォアの打球点は、真上から見て、自分の胴に水平なラインと右前腕が110度になる位置が理想的。

正しい位置で打球しないと力が入らないので、後陣から打ったときに上手く返球できない。両足のラインよりも後方で打つのはNG。ヒジが伸びたり、脇が締まりすぎてもいけない。常に同じポイントで正確に打球しよう。

05

ラケットの角度「80〜90度」で打つ

卓球台のコーナーに立ち、ラケットはカラダの真正面で構える。

打球時のラケットの角度は、卓球台に対して80〜90度が理想的。前陣(卓球台上)で打球する場合、この角度を保てばスウィングしなくてもラケットに当てるだけで返球できる。

卓球台に対してラケットが垂直か、ややかぶせ気味になる角度(80～90度)でラケットを出すと、当てるだけでも相手コートに返球できます。初心者の方は、まだスウィングや体重移動が上手にできなくても構いませんから、まず「当てるだけで返球できる角度」を身につけてください。注意してほしいのは、ラケットの角度を手首で調整しないこと。14頁で紹介したように、手首はまっすぐに保ったまま、腕の動きで80～90度をつくりましょう。

NG ラケットを寝かせすぎ

初心者はラケットを寝かせすぎる傾向にあるので気をつけたい。逆に上を向きすぎても安定した打球はできない。

NG ラケットを立てすぎ

フォア

フォアもバックと同様に80～90度のラケット角度でスウィングする。初めは手打ちでも良いので、角度で返球できるように感覚を身につけよう。台に近づいてフォアブロックするような練習から入ると良い。

06

重心移動
後ろ足から前足へ体重を移す

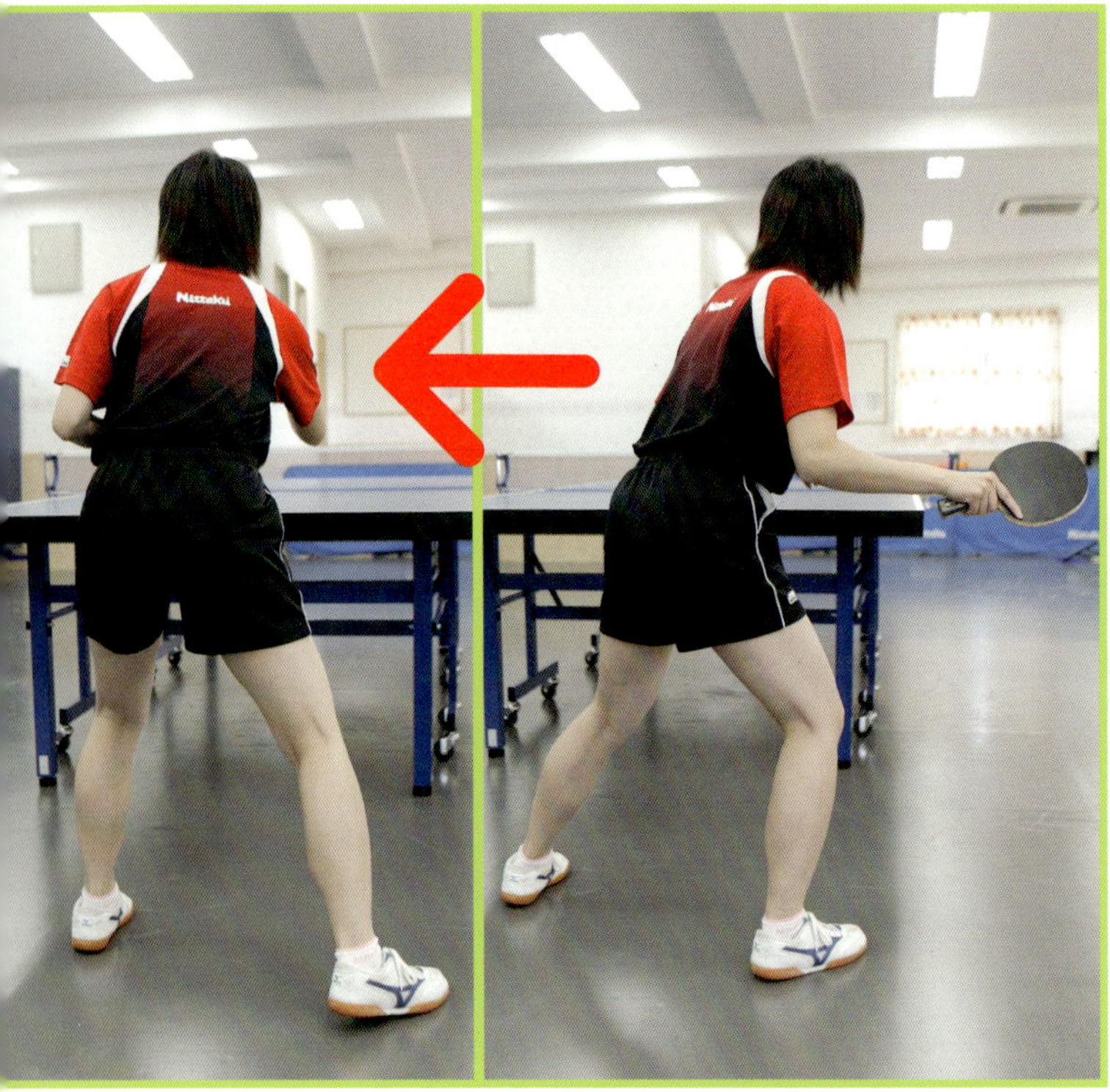

後ろから見ると重心移動の様子が良く分かる。右足から左足へ重心を移動させるのと同時に腰も回転させる。重心移動によるカラダの回転運動で打球することが大切。肩や手首に必要以上に力を入れなくても強いボールを打つことは可能だ。

重心移動の悪いクセ❶
[重心が左に流れすぎる]

NG

重心が左に流れすぎてヒザが開いてしまうと、基本姿勢への戻りが遅れてしまう。

重心移動の悪いクセ❷
[重心が逆に移動]

右利きの場合、重心が左足から右足に移動して右ヒザが沈むと、ボールに体重を乗せられず、強い球を打てない。さらにバック側に返球された場合の対応も遅れてしまう。

NG

バックスウィング時に、右足が伸び完全に左足に体重が乗ってしまっている。

フォロースルー時に右ヒザが沈み、右足に重心が移動してしまった体勢。前足から後ろ足への体重移動はNG。

重心移動は、後ろ足(右足)から前足(左足)が理想的です。詳しくは42頁「カラダの回転を利用した打法」で説明しますが、体重移動がスムースに行なわれないと、軸がぶれてしまい上手にカラダを回転できません。重心の移動でボールを運ぶように打球しましょう。

体重は基本的に両足の親指の付け根に掛けます。しかし状況によっては、カカトや足裏全体に重心があるときに打球しなければならないこともあります。「打法はひとつではない」という意識も持ってください。

07

フットワークⅠ

リズミカルに3歩で前後を移動する

フットワークは、卓球の〝命〟といっても過言ではないほど大切です。初心者レベルでは「足運びの習得」が早期上達に直結します。フットワークは、初心者の方も練習初日から取り入れてください。

ここでは、基本的なフットワークのいくつかを紹介します。3歩動の足の運びは共通して、動きたい方向に「近い足」→「遠い足」→「近い足」になります。

❶ 基本姿勢から前方へ移動する。

❷ 前方への移動は、最初に前足（左足）を１歩出す。

❹ 正確な姿勢で打球する。

3歩動［前へのフットワーク］
後陣から前陣への移動

丁寧にスウィングする。

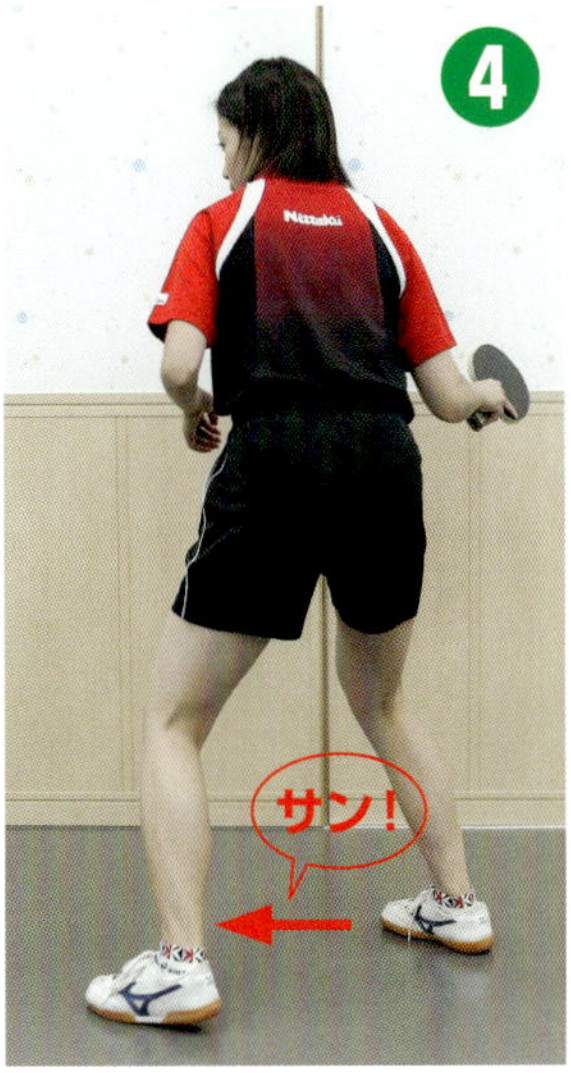

3歩目で左足を出すのと同時に構える。

2歩目は右足を左足と平行になるようにステップ。

3歩動［後ろへのフットワーク］
前陣から後陣への移動

後方へ移動。まず右足を1歩下げる。

2歩目は左足を後方にステップ。

右足を下げながらバックスウィング。

08

フットワークⅡ

移動後も正確なフォームで打球する

3歩動［左右］

横に振られてもフットワークで対応

卓球台のコーナーからコーナーへ動く場合など、距離のある移動をするときに用いる。左側に移動するときは、まず左足を半歩踏み出してから、２歩目に右足、３歩目に左足をステップする。右側への移動は右足→左足→右足の順番となる。

両足同時ステップ

素早い対応で打球に勢いをつける

位置を変えずに両足を同時に入れ替えるステップ。順足のときにバックスウィングを取り、逆足になると同時に打つことで力強い球を放てる。

1歩動［足を着いてから打つ］
突然フォアに返球された場合に用いる

突然フォア側に返球された場合には、移動に時間のかかる3歩動ではなく1歩動で対処する。右足を大きく1歩踏み出して、着地してからスウィングする。

1歩動［打ってから足を着地］
速い打球に対して用いる

足を着地させてからのスウィングでは間に合わないほど、フォア側に速い返球をされた場合は、足を床に着ける前にスウィングを開始する。ボールに飛びついて打球してから着地しよう。

初心者を強くするために

Column 1

基本が不完全でも次のステップに進む

初心者に対してどのような指導法が最適なのか――。これは、すべての指導者に共通した悩みです。私も悩みました。その末に得た指導法…それは「まずは試合ができるように、早めにひと通りの技術を指導する」というもの。たとえば、試合をする上で絶対に必要なステップには、練習初日から取り組ませます。もちろん初めは誰もが一つ一つの基本技術を完全に習得できるわけではありません。不完全でしょう。それでも構わないので次の日には新しいステップを指導します。

決して基本を疎かにしているわけではありません。卓球に限らず、すべてのスポーツにおいて基本は最重要です。ただし、重要であるからこそ、マスターするには時間が掛かってしまうのです。

私は長年、ラケットを握ったこともない中学生を一から指導してきました。彼らが3年生の夏を迎えるまで…わずか2年4カ月の間に、全国大会で活躍できるレベルにまで上達させたいと思いました。ならば、延々と基本を指導している時間はありません。

多球練習を多用試合形式に近い練習も

早期上達のために、多球練習を多用し、試合に近い課題練習を取り入れます。この多球練習のときに基礎技術を確かめながら練習します。

たとえばバック打ちが苦手だからといって、バックばかりを延々、練習させるのは時間の浪費。それでは、バック打ち〝練習〟を上手にできる技術しか鍛えられません。

基本ができてから試合をするのではなく、試合を経験する中で、基本技術を伸ばしていくことこそ、初心者を早く強くする秘訣なのです。

第2章

ライバルに差をつける基本ポイント

01

フリーハンド
左腕の使い方でバランスをとる

肩の高さまでフリーハンド（左腕）が上がっている状態。
カラダのバランスをとるために、フリーハンドの働きは非常に大切だ。

フォア
大きなボールを抱えるように構える

胸を開き、大きなボールを抱えるように構え、スウィング時に胸を閉じる。フリーハンドが外側に流れないことで、上半身も大きく回転しないため、基本姿勢に素早く戻れる。

フォアハンドの際、右胸と左胸の動きは同じではない。両手にラケットを持って同時に打つように、バックスウィングで胸を開き、スウィングで胸を閉じる。このフリーハンド(胸、肩)の使い方は払いやドライブなどにも適用される。

ラケットを持たない方の手をフリーハンドと言います。ラケットを持っていない側の腕のことなので、初心者の方にはあまりピンとこないかもしれませんが、フリーハンドの動きは非常に大切です。なぜならフリーハンドの正しい動きによって、バランスを崩さずにスウィングする、素早く次の攻撃に移る（＝基本姿勢に早く戻る）といったことが可能になるからです。特に重要なポイントなので、確実にカラダに覚え込ませてください。

関正子卓球
フリーハンドの大切さ

Column 2

しつこいまでのフリーハンド指導

プロローグでも記したように、関正子先生との出会いは、私の卓球人生において大きな出来事でした。関さんの卓球理論が、現在の私の指導法の主流を占めています。

名選手でありながら、底辺の卓球愛好者の育成に現在でも貢献している素晴らしい方です。関さんは、ペンホルダーの表ソフトラバーで、前陣速攻型の代表選手。上半身の使い方には、しつこく感じるくらいチェックが入ります。特にフリーハンドについては、耳にタコができるくらいに指導を受けました。

前頁の「大きなボールを抱えるように」というフリーハンドの使い方は、関さんから教えてもらった理論です。関さんの影響で、私もフリーハンドの指導には、こだわりを持つようになりました。

関さんの7つの口癖練習中のアドバイス

練習中にアドバイスをする際に、関さんには7つの口癖があります。含蓄のある言葉なので紹介しましょう。

①「フリーハンドをしっかり！」（関卓球のポイント）
②「台の前で足よ！」（最後は足の勝負。練習の最初から最後までフットワーク）
③「フォームが大きいわよ！小さくでしょ！」（大振りは駄目。前陣でコンパクトに攻撃）
④「どんどん仕掛けなさいよ！」（攻撃は最大の防御）
⑤「下からじゃないわよ！台の上から打ちなさい！」（前陣で台上から打つ）
⑥「どんどんフォアで攻撃しなさい！」（足で動いて攻撃）
⑦「どっちが得か考えなさい！」（自分で考えてやる）

練習中のアドバイスの90%はこれらの言葉です。よく噛み砕いて理解し、練習の参考にしてください。

両胸（両肩）は別々の動き！

NG 両腕が同方向に動いてしまう

フリーハンド（左腕）が外側に流れてしまうと、次の構えに戻るために上半身全体を戻さなければならない。打球に対する反応がワンテンポ遅れてしまうのでNG。

フォアハンド、ドライブ、ミート打ちは、払い（39頁）が基本になります。ランダム練習をしてみると、そのことが分かります（72頁）。

NG 両肩が一緒に回ってしまう

ドライブも同様。フリーハンドが外に流れ、カラダが大きく回転してしまうと、素早く基本姿勢に戻れない。

02

手首の使い方Ⅰ

前後と上下の動きを組み合わせ力を抜き、柔らかく動かす

手首には２つの使い方がある。一つは写真のような上下の動き。

手首には2つの使い方がある!

前後の動き

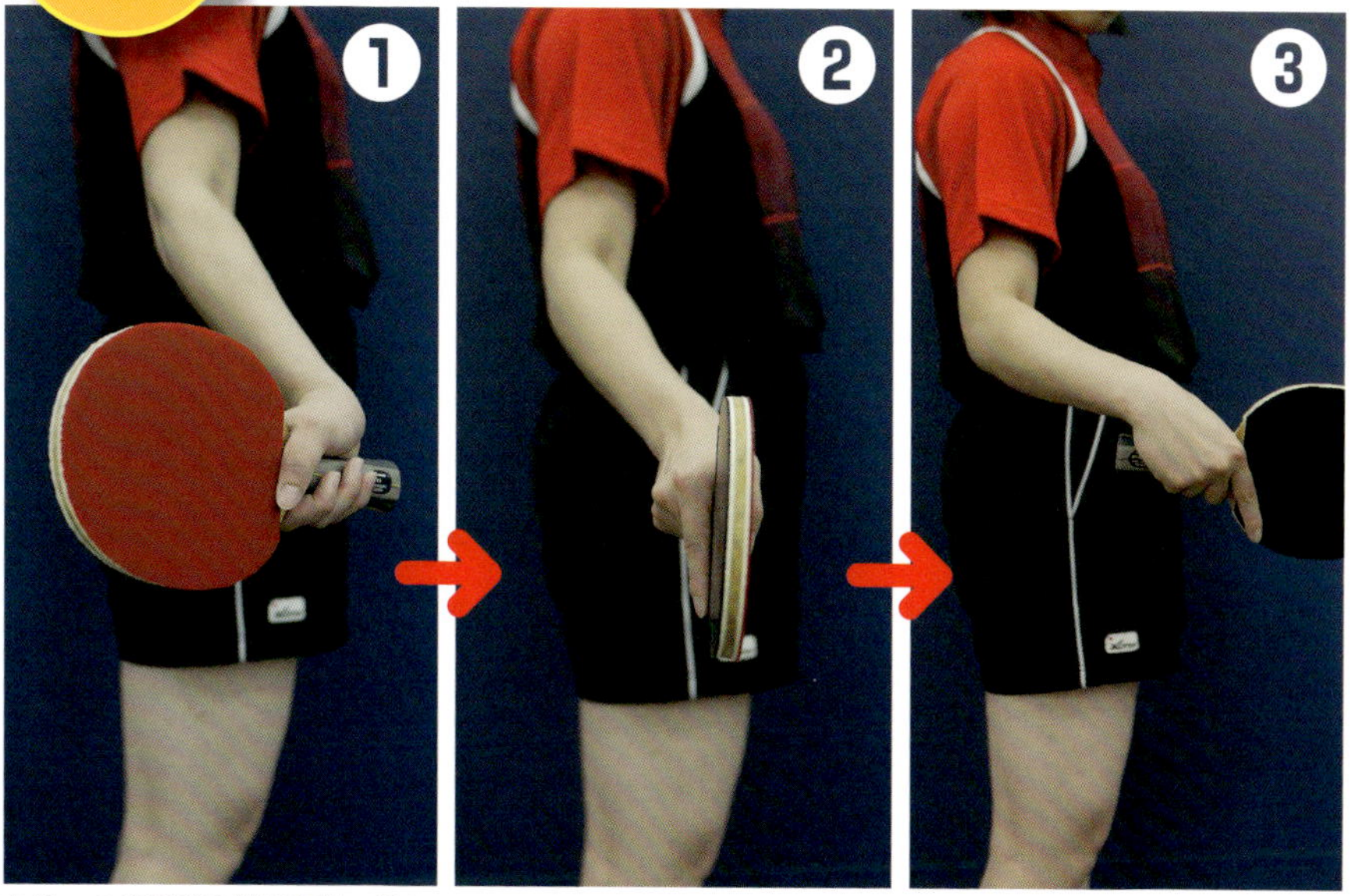

もう一つの手首の使い方は、うちわをあおぐような前後の使い方。

あらゆるスポーツにおいて、手首の動きは重要ですが、卓球においてもそれは同じです。ラケットを操る手首には、「下から上への動き」と「後ろから前への動き」の2種類の動きがあります。2つの動きを組み合わせて、柔らかい手首の使い方を身につけてください。手首を正しく使えないと、各種打法に影響します。さらに微妙なボールのコントロールも困難になってしまいます。柔らかい手首の使い方をマスターするためには、台上での「払い打ち」の練習が最適です（次頁で紹介）。手首の動きを中心とした打法を練習しましょう。

03

手首の使い方Ⅱ

払いで手首の動きをマスターしよう

バック払い

横から

ラケットを「後ろ→前」に動かす手首の使い方と「下→上」に動かす手首の使い方を同時に組み合わせる。ヒジの位置はほとんど動かさない。

正面から

払いは手首の動きを中心にボールをコントロールする打法だ。打球点はカラダの正面。打球時のラケット角度は80～90度。

NG 手首をこねてしまう

手首を「左→右」方向だけに動かしてしまうと、ボールをコントロールできないので注意。手首をこねないように。

フォア払い

横から

手首が少し
外側に開く。

正面から

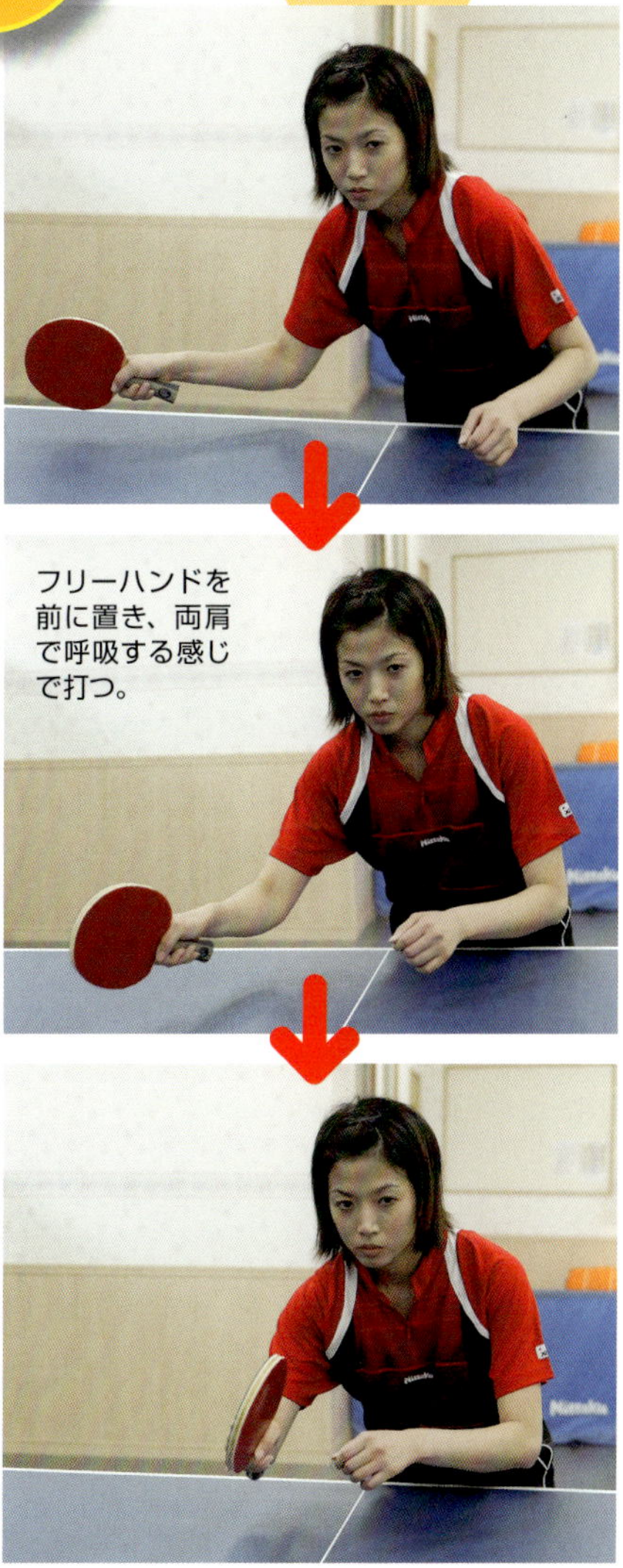
フリーハンドを
前に置き、両肩
で呼吸する感じ
で打つ。

打球する瞬間のラケット角度は80～90度。台上で打球する小さなドライブと理解すれば良いだろう。フォアの払いもバックと同様に、手首の使い方だけで返球する。前腕はわずかしか動かさない。この払いの打法は、フォアハンド、ミート打ち、ドライブに大きく影響する技術…両肩（両胸）の使い方とフリーハンドによって強力な払いが可能になる。つまり、払いにもフリーハンドが大切なのだ。ダブルスの払いで練習してみよう。

04

ラケットの引き
打ち終えた後にはヒジをまっすぐ戻す

ヒジをまっすぐに引ききったと同時に、フォアのバックスウィングの体勢に入る。

連打する際には、フォロースルーの後に、次のスウィングに移るための基本姿勢をいかに早くつくるかが重要になります。基本姿勢を早くつくるためのポイントは、ヒジとラケットをまっすぐに引くこと。そうすることによって、次にフォアにもバックにも対応できる姿勢に素早く移行することができます。ヒジをまっすぐ引かず、ワイパーのように腕を動かすと、戻りが遅くなるばかりでなく、バックにも対応できません。ドライブの場合にも、ワイパー卓球になってしまわないよう注意しましょう。

フォアを打ち終わった体勢。フォロースルーはカラダの正面で止めるのが良い。

フォロースルー後に少し円を描く感じで、ヒジをまっすぐに戻しながらラケットを引く。バック側への意識も忘れずに。

NG ワイパー卓球になってはダメ

ヒジを中心にラケットを外側に引く動作を「ワイパー卓球」という。

ワイパー卓球だとバックへの反応が遅くなってしまう。

05

カラダの回転を利用した打法

ラケットを押し出すのではなく軸で回転しながら打球する

3

重心を左足に移しながら、腰、肩とともにヒジも回転させ打球。

4

フォロースルーのときには重心が左足に移動している。

打球の際には、ラケットを押し出すような直線的な動きではなく、カラダのさまざまな部位が回転する力を利用します。そうすることによって、より強く、活きたボールを打ち返すことができます。上写真のフォアハンドドライブのフォームを見ると、腰、肩、前腕をしっかりと回転させて、打球していることがよく分かります。それぞれ回転の際の中心点を意識して、ぶれないようにスウィングするよう心掛けましょう。

バックハンドの場合は、ヒジを軸とした前腕の回転運動を利用します。この回転運動がバックドライブに活きてきます。プッシュ式の打法ではドライブは困難です。

1

腰を十分にひねったバックスウィング。重心は右足。

2

腰と肩を回転させながらスウィング開始。

NG 押し出すだけでは強い球を打てない

ラケットを押し出すようにして打球すると、強い球を打てない。それだけでなくボールコントロールもしにくくなるというデメリットも生じる。さらに腕が伸びきってしまい、次の動作への移行も遅れてしまう。

練習時間と集中力

Column 3

練習終了時間をいつも厳守する

練習時間をぴったり守る。これは指導者にとってなかなか勇気のいることです。しかし、終了時間を必ず守ることによって、生徒たちの集中力が高まることに気づきました。

練習時間を厳守することによって、生徒は「練習時間があと少ししかない。頑張らなければ！」と練習に集中します。逆に、いつ終了するか分からない練習をしていると、「あー、今日は何時まで練習するんだろう？」と散漫な気持ちにさせてしまいます。

中学生の集中力の持続は、だいたい2時間くらいです。もちろん、2時間は徹底して集中した練習を行ないます。ただし、2時間を超えて集中力のない練習を続けるのならば、体力強化のトレーニングに切り替えた方が有効でしょう。思い切って練習を早めに終了することも良い方策です。

練習時間と集中力のバランスが大切

私も若いころは、納得できない点があると、夜遅くまで練習させてしまったこともたびたびありました。いまから振り返ると指導者として恥ずかしく、汗顔の至りです。

晩年になってからは、練習前に毎回、黒板に「今日は○時まで」と書いて、終了時間を宣言するようになりました。生徒たちの集中力が、格段に高まったことは言うまでもありません。

定期テスト前には、30分間の集中練習を行ないました。たった30分ですが、生徒たちはものすごい集中力を発揮して汗びっしょりになります。「1分でも時間を無駄にしない」という生徒たちの真剣さが伝わってきて、見ているだけで本当に楽しいものでした。

30分間の集中練習は、3時間の散漫練習に勝ります。指導者には練習時間と集中力のバランスを見極める眼が必要なのです。

第3章

バックハンド&フォアハンド

なぜフォアより先にバックを始めるのか

フォア→バックの切り替えをスムースに

初心者の方は、将来的なことを考えたときに、バックハンド主体の練習から始めた方が良いでしょう。

その理由は、フォアハンド主体の練習から導入した場合よりも、フォアからバックへの切り替えがスムースにできるようになるからです。

ヨーロッパでは、バックハンド系の練習にかなりの時間を割きます。以前、何人かの生徒を連れて、スウェーデンの大会へ参加したことがありますが、現地の選手たちは、試合前に延々とバック打ちで、ウォーミングアップをしていました。

反対に日本では、練習の大半がフォアハンド系技術のためのもの。ただでさえフォアの練習量が多いのに、フォアから習い始めてしまったら、バックを苦手とする選手が増えてしまいます。

フォアからバックの切り替えをスムースにするためには、まずバックハンドから始めるべき。せめてフォア中心の練習内容をフォアとバックの比率「5：5」に改めたいものです。

バックハンドは日本人選手の弱点

日本人選手のバックハンド系技術は世界的に見て未熟。強豪国には大きく水を空けられています。つなぎのバックではなく、攻撃的なバックを身につけ、両ハンドとも同じように打ち合える戦型でないと、世界とは互角に戦えません。

もちろん、日本特有のフォアハンドとフットワークを生かした全身的卓球スタイルにも良いところはあります。その良さと、世界の主流である上半身を生かした卓球スタイルを融合させ、日本人にあった新たなスタイルを構築する必要があるでしょう。そのためにはバックの強化は必須です。

夢は大きく世界に追いつき追い越せ！　その第一歩が、「フォアより先にバックを始める」なのです。

日本勢のバック技術の遅れの原因は、ペン主流だったことによるプッシュ式の名残があるため。バック中心の練習をしているヨーロッパ勢とは技術的に差が開いてしまっている。

01

バック前陣

ヒジを中心とした前腕の回転で打つ

ヒジを中心に前腕を時計回りに回転させて打球する。

フォロースルーは、ネットより少し上の高さで止める。

ペングリップでは、バックハンドで打つ場合にラケットを押し出しますが、現在主流となっているシェイクハンドでは、ヒジを中心とした前腕の回転運動で打球します。以前、日本ではペン型が流行っていたため、現在でも、「押し出しスウィング」のクセを持つ選手を多く見かけます。しかし、押し出しただけでは、強い球を打てず、次のフォアへの反応も遅れてしまいます。前腕の回転を利用した打法を身につけましょう。

ヒジを支点に前腕の回転運動を行ない打球する。そのためには、ヒジは外側に張り、打球ポイントはカラダの正面に置く。

OK 打球はカラダの正面で

卓球台のコーナーに立ち、ヒジを張りカラダの正面で打球。

NG ラケットを押し出してしまう

押し出しスウィングはNG。ラケットを押し出す「プッシュ」打法もあるが、まずは基本の回転スウィングからマスターしよう。

OK 台上で打球する

初心者は打球を台上で行なう。ラケット角度を80〜90度にして、当てるだけで返球しよう。

02

バック中陣

スウィングは前陣よりも大きく フォロースルーはコンパクトに

中陣では、前陣よりも少し大きなスウィングで打たないと返球できません。前陣と同様に、ヒジを中心に前腕を回転させて打ってください。ただし、フォロースルーまで大きくなってはいけません。フォロースルーはコンパクトにまとめて、打球後はすぐに基本姿勢に戻ることを忘れないようにしましょう。

台のエンドライン上で打球する

打球の位置は卓球台のエンドライン上。

フォローは前陣と同様にコンパクトにまとめる。

OK ラケットはネットよりやや上の位置に！

NG ラケットを上げすぎ

フォロースルーのときにラケットを上げすぎると、次の打球への対応が遅れる。選手の身長にもよるが、ラケットがネットよりやや高い位置で止めるようにしよう。

03

バック後陣
ヒザのバネ、肩の回転も利用する ラケットをフラットにして打球

後陣での練習は、卓球台から1メートルほど離れて行ないます。ヒザのバネや肩の回転も利用して大きくスウィングしましょう。ドライブを掛けると比較的簡単に返球できますが、ラケットはフラット(80～90度)をキープしてください。難易度は上がりますが、さまざまな打法を習得するためにトライしましょう。

台から離れて打球する

ヒジを張って構える。ラケットを寝かせすぎないように注意。

肩、腰を少しだけ回転させてスウィングする。

平行足・逆足での打法

バックの場合、順足よりも平行足や逆足の方が、重心移動をスムースにでき、そのため強いボールが打てる。余裕があれば、試合の際にも逆足にスイッチして打球すると良い。

04

バックハンドドライブⅠ

順回転ボールに対してはラケットを寝かせてボールの上を擦る

順回転（トップスピン）ボールに対しては、ラケットを寝かせて、ボールの上を擦るように打球しドライブをかけます。バウンド軌道の頂点にボールがあるときに打球するのが「頂点ドライブ」。頂点前ドライブや頂点後ドライブにも挑戦してみましょう。

ラケットの角度に気をつける

ボールの上部を擦りやすいように、ラケットを寝かせてスウィングするのがポイント。

1 右肩をやや内側に入れ、ラケットを寝かせて構える。

2 ボールの上を擦るように打球。

3 フォロースルーは小さくまとめる。

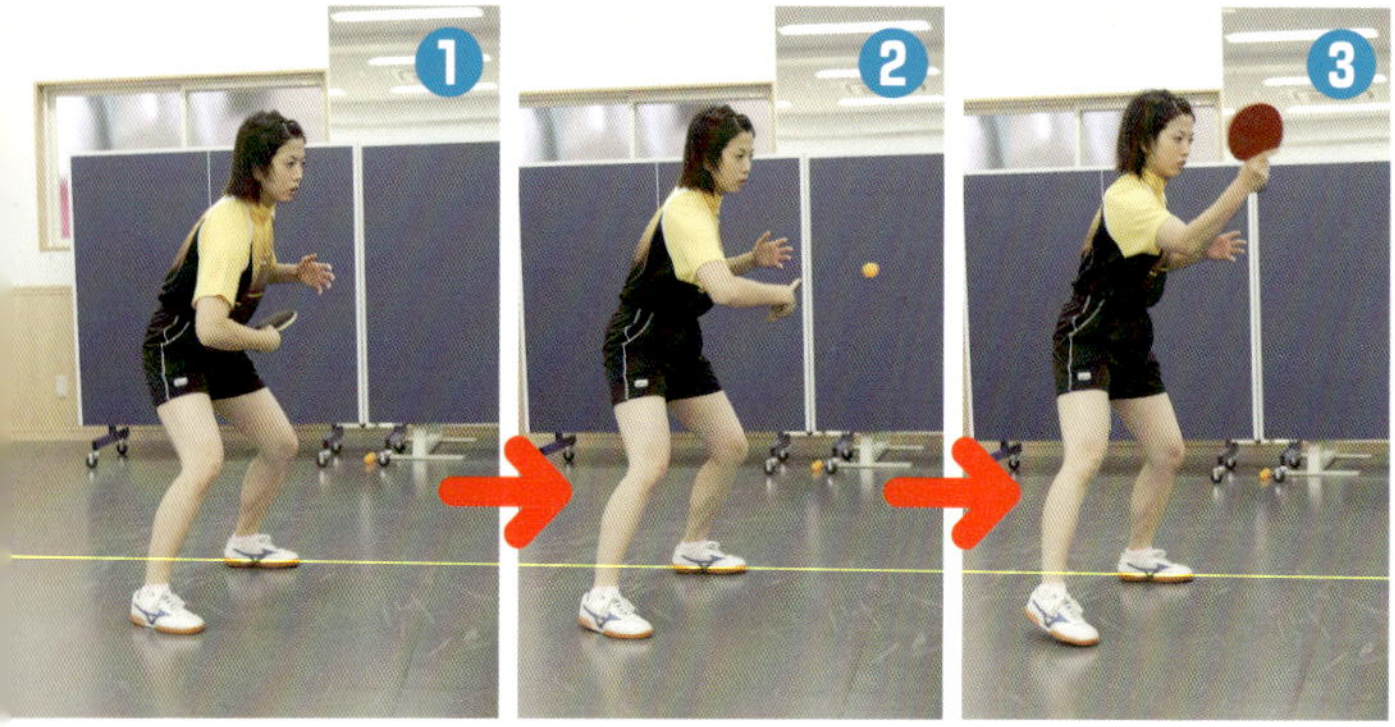

ヒジを張る。ヒジを軸とした回転運動で生じた力をボールに伝える。

05

バックハンドドライブⅡ

下回転ボールに対しては腰を回転させラケットを下から出す

ヒザを曲げて深く沈む。ラケットは卓球台よりも下の位置。

肩・ヒジとともに腰を回転させてスウィング。

スピードよりも回転を心掛けて打球する。

肩とヒジを前方に大きく出す。フリーハンドも利用しよう。右腰を使う動きがコツ。

下回転（バックスピン）ボールに対しては、カラダを沈ませてラケットを下から出し、そこから斜め上に向かってスウィングしてください。ここでも、ヒジを軸とした前腕の回転運動を用います。特に右腰の回転を利用してボールに摩擦を加えましょう。この打法でも、頂点前ドライブや頂点後ドライブにも挑戦しましょう。

（逆アングル）

ラケットは下から

卓球台よりも下の位置でラケットを寝かせて構える。下回転ボールに対しては「上方へ打つ」との意識を持つようにする。

06

フォア前陣

バックスウィングもフォロースルーもコンパクトに

前腕だけで小さくスウィングする。　フォロースルーもコンパクトに。

前陣での軽打は、初心者の方でも取り組みやすい練習でしょう。ラケットの角度さえ正確ならば相手コートへ返球できるので、常に「ラケット角度は80〜90度」を意識しながらコンパクトにスウィングしてください。バックスウィングもフォロースルーも小さくまとめてください。また、「払い」とは異なり、必要以上に手首を使ってはいけません。手首や肩はガチガチに固定しないようにして、力を抜きましょう。

◎バックスウィング

NG ラケットを下げて構えてしまう

バックスウィングのときにラケットを台より下げてはいけない。ラケットが下から出ると打球にドライブがかかってしまう。

バックスウィングはほとんどとらない。

◎フォロースルー

OK ラケットはネットより少し上の位置で止める

NG ラケットを額の前に持ってきてしまう

以前は「打球後はラケットをおでこの前に」という指導法も存在したが、現在のスピード卓球ではNG。特に前陣での軽打の場合は、フォロースルーを小さくまとめる。ラケットはネットよりやや上の位置で止める。

07

フォア中陣
常にコーナーを狙って打球する

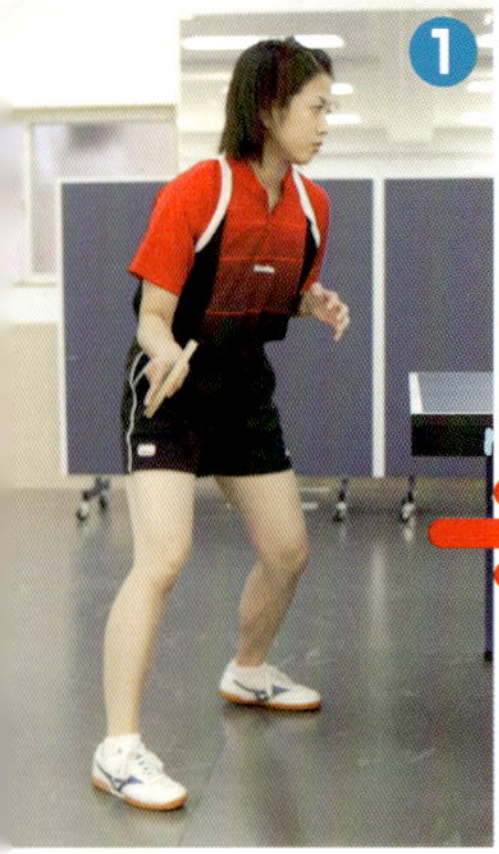
前陣より少しだけ大きくバックスウィング。

打球ポイントは卓球台のエンドライン上。

フォロースルーもコンパクトに。

卓球台のエンドライン上で打球します。前陣のときよりも少し大きな動作でバックスウィング、フォロースルーをやってみましょう。また、できるだけコーナーを狙って打球することも大切です。これは、「あの辺に…」ではなく、ひとつの「点」であるコーナーをしっかり狙うことで、曖昧なコントロールを自分に許さなくするためです。中陣、後陣に進むにつれて腰、肩の動きが大きくなります。

OK 打ち終わりにはヒジをまっすぐ元に戻す

フォロースルー後はヒジをまっすぐに引いてラケットを戻す（40頁参照）。常に「バックへの対応」を意識しておこう。

08

フォア後陣
ラケット角度はフラットをキープ！

フォア後陣もバックと同様、卓球台から1メートルほど離れて打球します。ポイントは「ドライブ打ち」をしないこと。ラケットはフラットをキープして、前腕の動きと重心移動でボールを運びましょう。スウィングは大きくなりますが、できるだけコンパクトに振りましょう。

ラケットは80～90度で構える。

カラダよりも前の位置で打球する。

ラケットはカラダの中心線上で止める。

OK 体重移動は後ろ足から前足へ

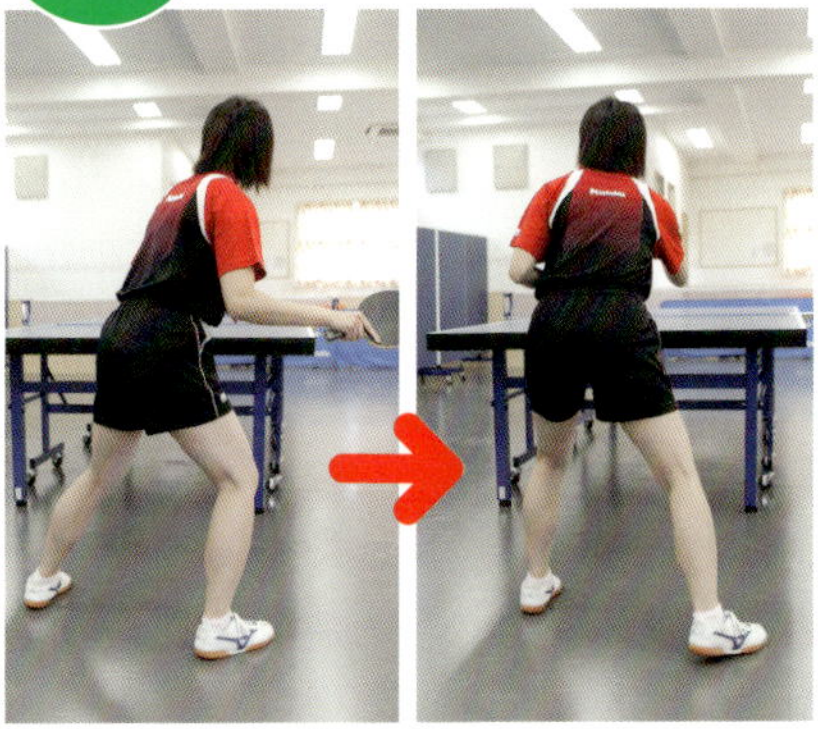

ボールに体重を乗せる意識を持って、重心を後ろ足から前足にしっかり移動させる。カラダ全体の動きを融合できていないと後陣からは正確に返球できない。また、前陣ばかりで練習しているために後ろに下がって打てない選手がいる。前陣、中陣、後陣をバランス良く練習しよう。

09

フォアハンドドライブI

順回転ボールは球の上を擦って打球

ヒザを曲げ沈み込んで構える。

ラケットを寝かせたままスウィングする。

フリーハンドを使うことも忘れずに。

ラケットを水平にして構える。

ボールの上を擦るように打球。

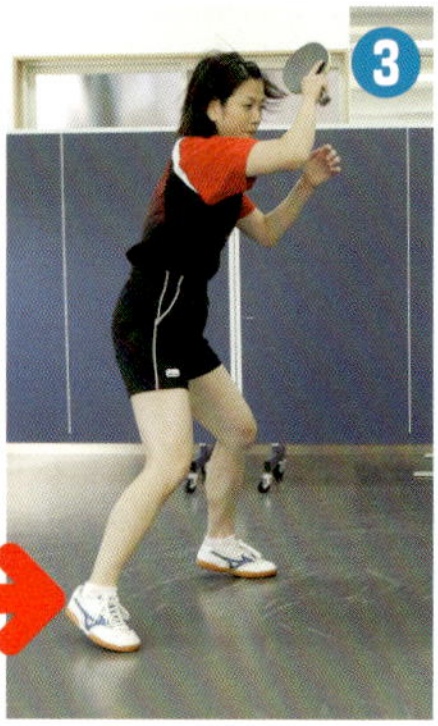

体重を完全に左足へ移動させる。

順回転ボールに対しては、ボールの上を擦るように打ち、強烈なドライブ回転をかけます。「後陣打ち」よりも、さらに大きく「後ろ足から前足」へ重心を移動させ全身を回転させましょう。腰、肩、前腕の回転が力強いボールを生み出します。

NG ヒジがカラダから離れない

ヒジをカラダから離さずにスウィングしてはいけない。初心者に多く見られる悪いクセだ。

10 フォアハンドドライブⅡ

下回転ボールは腕をしならせて打つ

大きくバックスウィング。胸を開く。

手首を使い、遠心力を利用する。

フリーハンドを使い、胸を閉じる感じで。

右ヒザに重心をしっかり乗せる。

カラダの軸を中心に、回転力をボールに伝える。

左足に体重移動。

腕を柳の枝のようにしならせてボールを打ち上げるようにスウィングします。最初は、ボールをバウンド軌道の頂点で打つとドライブをかけやすいでしょう。慣れてきたら頂点前ドライブ、頂点後ドライブにも挑戦してください。重心の移動、ラケットの角度、フリーハンドなど全身の使い方が、しっかりとできていないと下回転ボールは打てません。初心者は、この練習をたくさんやることでカラダのバランスを勉強できます。

OK

順回転の場合とはラケットの角度が異なる

写真のようにラケット角度を少し立てて打球する。

コンビネーション練習の意義

Column 4

数種類の打法をマスターしよう

試合で勝つためには、さまざまな打法を身につける必要があります。本書で紹介した通常のフォア打ちやドライブ打ちのほかに、いくつかの打法をマスターしたら、コンビネーション練習にトライしてみましょう。

パートナーにツッツキボール(下回転ボール)を出してもらい、ドライブ↓ミート打ち↓スマッシュと連続で打球してください。このコンビネーションは、実戦で役に立つ有効な練習方法です。

(※ミート打ちは、ラケット角度を90度にして、手首を使い、小さなフォームでボールを弾くようにスウィングする打法。ラケットの角度と手首の使い方がポイントになる)

ラケット角度や軌道が異なる打法を順番に練習することで、多彩なボールを打ち分けられるようになります。

多彩な打球が相手のミスを誘う

多彩な打ち分けができないと、試合では圧倒的に不利です。たとえば、ツッツキに対して常にドライブで返球すると相手に分かってしまったら、ドライブ打球に備える余裕を与えてしまいます。ミート打ちやスマッシュでも返球できると示さなければ勝利に近づけません。ボールのスピード、質、到達時間。それぞれの打球の微妙な違いが、相手のミスを誘うのです。

また、同じドライブでも、打球点の位置によって種類があるので、打ち分けられるようになりましょう。ラケットの角度も同様にいくつかのパターンがあります。基本は80~90度。ドライブのときは寝かせて、ツッツキのときは上向き。45度にしてスピンを掛ける場合もあります。

卓球は、技術の引き出しが多ければ多いほど有利なスポーツ。バリエーションの幅が、強さの幅でもあるのです。

矯正練習法

第4章

01

ボールを床にワンバウンドさせて打つ

こんな悪いクセを矯正！

- ◎ラケットが寝てしまう
- ◎打球点が後ろすぎる
- ◎手打ちになっている
- ◎重心移動が上手くいかない

「打球点が安定しない」「ラケットを寝かせすぎる」という悪いクセを矯正する練習方法を紹介します。卓球台から2～3メートル離れた位置で、床にワンバウンドさせたボールを相手コートに返球してください。結構な距離があります…ラケットが寝ていたり、力の入らない位置で打球すると、相手コートにボールが届きません。慣れてきたら、床にワンバウンドさせずにダイレクトにボールを打つ方法にもトライしてください。

正しいスウィングフォームを手に入れよう！

矯正ポイント❶ 寝てしまっているラケットの角度を起こす！

ラケットを寝かせて、常にドライブをかけてしまう悪いクセを直しましょう。ドライブをかけると、打球がオーバーしてアウトになることが少ないので、初心者は、この打法に頼りがちです。しかし、さまざまな打法を習得するためにもラケット角度を矯正しておきましょう。

矯正前
◎ラケットが寝ている

ラケットを寝かせて構えている状態。常にドライブをかけてしまうフォームなのでNG。

80～90度
矯正後
◎ラケットの角度が適正に！

通常のフォアハンドの打ち方と同じ。ゆっくり振り、無回転のボールを出せるように。

矯正ポイント❷ 110度の正しい打球点をつかむ！

卓球台から離れた位置で打球するので、力の入るポイントで打たないと、相手コートまでボールが届きません。もっとも力が入るラケットの位置は、カラダに対して110度の状態。繰り返し練習して、正しい打球点をカラダに覚え込ませましょう。

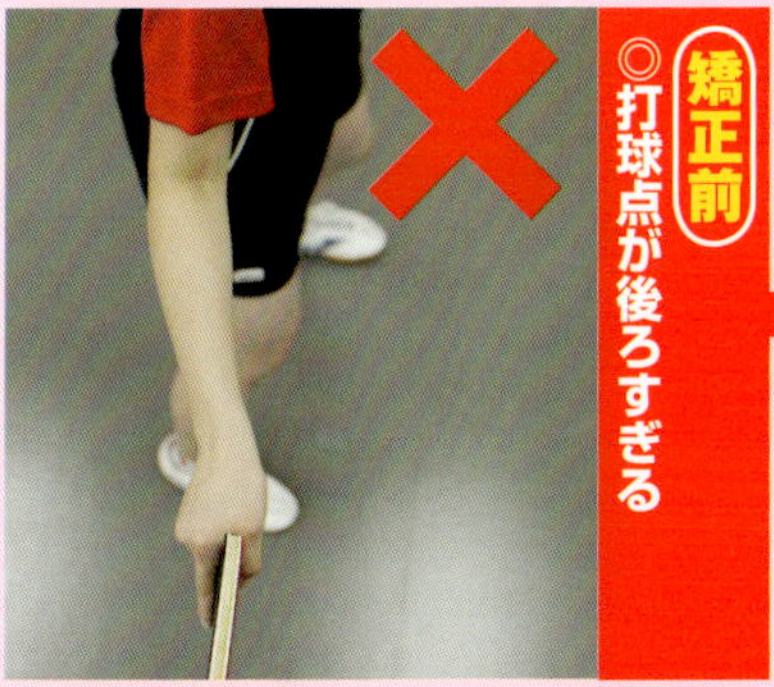
矯正前
◎打球点が後ろすぎる

打球点が後ろすぎると、強いボールを打てない。

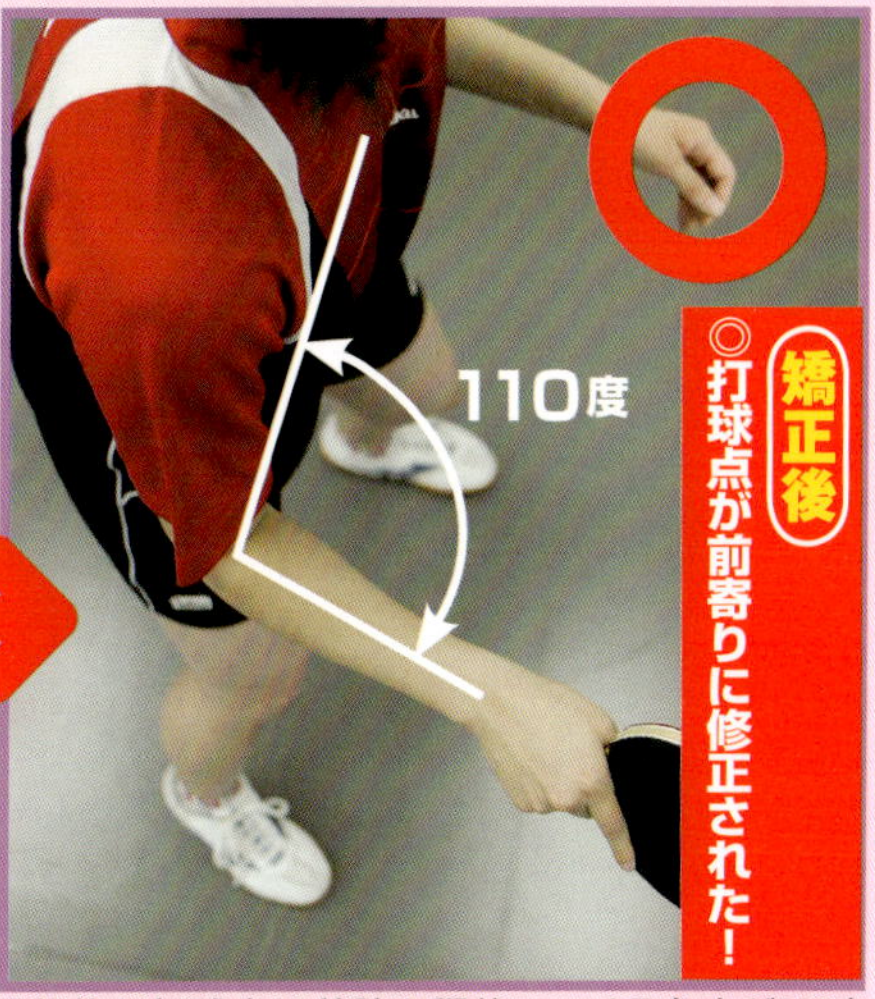
110度
矯正後
◎打球点が前寄りに修正された！

理想的な打球点は前腕と胴体のつくる角度が110度で、一番力の入る位置。

この練習法では「ラケットが寝てしまう」「打球点が後ろすぎる」というクセのほかに、「手打ちになってしまう」という欠点も矯正できます。離れた位置から相手コートに返球するためには腰や肩の回転も必要。手打ちのクセが自然に解消されます。

02

直接スマッシュ（肩を回す動きを身につける）

スマッシュが苦手な選手は、卓球台から2〜3メートル離れた後方の位置から直接、スマッシュする練習法を試してみてください。「手打ちになってしまう」「ラケット角度が安定しない」といったスマッシュの悪いクセを矯正できます。スマッシュは、チャンスボールを相手コートに強打する決め技です。手打ちでは威力が出ません。カラダ全体を大きく回転させた豪快なフォームで、強烈なスマッシュを放てるようになりましょう。

こんな悪いクセを矯正！

◎手打ちになっている
◎ラケットが寝すぎている

忘れていたダイナミックな動きを思い出せ!

矯正ポイント❶
手打ちではダメ! 腰、肩を回転させる

矯正前
◎手だけで打っている

手打ちのスマッシュでは強く打球できない。

　スマッシュは、相手の返球が浮いたときに上から叩きつけるような感覚で力強く打球する決定打。「この1発で決める!」という意識が大切です。手打ちでは強烈なボールを放てません。腰や肩の回転を使って、ボールに確実に力を伝えられる打法を身につけましょう。

矯正ポイント❷
ラケットの角度はボールに対して90度に!

矯正前
◎ラケットが寝ている

ラケットを寝かせると、ドライブがかかってスピードが落ちる。

矯正前
◎ラケットが上を向く

ラケットが上向きだと、ボールを叩きつけられない。

　低いボールでもスマッシュできるように練習しましょう。そのためにもラケットの角度は90度が最適です。

矯正後 回転運動を用いた豪快なフォームに

　カラダ全体でスマッシュが打てるようになりました。打球後に多少体勢が乱れても構わないので、腰と肩の回転運動を用いて豪快にスマッシュ!

台から離れての山なりラリー

卓球台から２メートルほど離れてパートナーとラリーを行なう。腰の回転を使って山なりボールを打とう。フォアだけでなく、バックハンドでもツッツキでも台から大きく離れて練習してみよう。

「手打ちになってしまう」「ラケットが寝すぎてしまう」という悪いクセは、卓球台から離れて山なりボールのラリーをする練習法でも矯正できます。必ず〝山なり〟のボールでラリーしてください。カラダの軸を中心に回転し、ラケットをゆっくり振らなければ、山なりボールは打てません。ラケットを寝かせてのボールを擦るようなスウィングでは、ドライブのかかった打球になってしまいます。ゆっくり打つことで、正しいラケット角度、安定した軸回転を身につけます。ラケット角度のバリエーションも増やしましょう。

こんな悪いクセを矯正！

◎手打ちになっている
◎ラケットが寝すぎている

ゆっくりとした動作で基本を学ぶ!

矯正ポイント❶
手打ちのクセを直したい!

矯正前
◎手打ちになっている

手の動きだけで、離れた位置から山なりの緩いボールを相手コートに返球することはできません。腰を中心にカラダ全体で回転する打法が必要です。山なりボールを打てれば、手打ちのクセを矯正できます。

矯正ポイント❷
寝てしまっているラケットの角度を起こせ!

矯正前
◎ラケットが寝てしまう

ラケットが寝てしまっていては、必然的に山なりボールを打てません。打球を安定させようとして、どんなボールにもドライブをかけてしまうのは初心者の悪いクセ。寝ているラケット角度を起こします。

矯正後
適正なラケット角度で腰を回転させて打つ

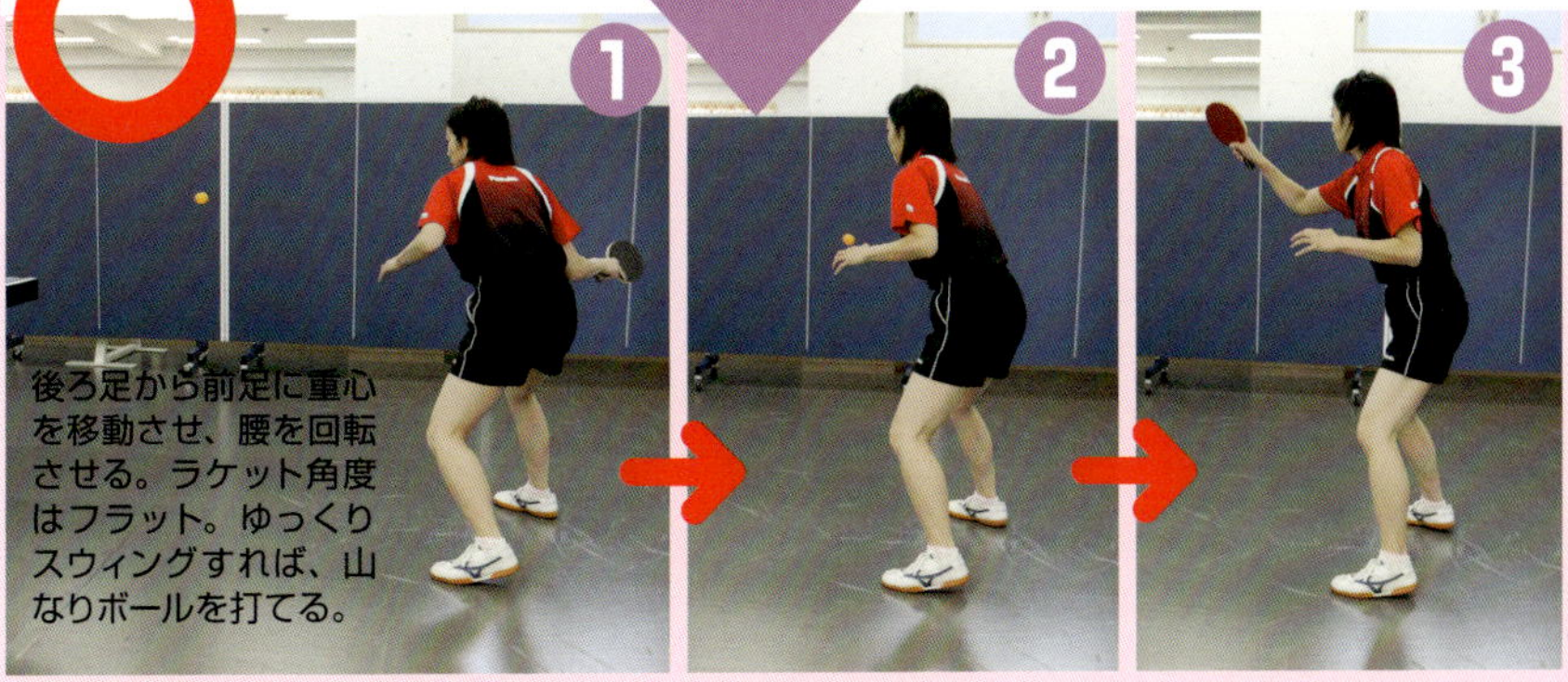

後ろ足から前足に重心を移動させ、腰を回転させる。ラケット角度はフラット。ゆっくりスウィングすれば、山なりボールを打てる。

04

台上に左手を置いてのフォアハンド

卓球台の上に左手を伸ばして着いた状態で、フォア打ち練習を行なう。左手の位置は動かさないように注意したい。左肩が固定されるので、「左肩が回りすぎる」悪いクセを矯正できる。

こんな悪いクセを矯正！

◎左肩が回ってしまう
（フリーハンドが上手く使えていない）

◎無駄な動きが多い

基本のフォア打ちで「左肩が動きすぎてしまう」クセのある場合は、「台上に左手を置いて打球する」練習法で直しましょう。左腕、肩が固定されるので、必要以上に左肩を回さずに打球する感覚を身につけられます。

また、この矯正練習はフリーハンドの使い方が苦手な選手にも有効です。フリーハンドの使い方のポイントは、バックスウィングで胸を開き、スウィングで胸を閉じるイメージを持つこと。卓球台上に左手を置いておけば、左肩が後方に流れることはありませんから、フリーハンドのイメージを掴みやすくなります。

無駄な動きを失くしていこう!

矯正ポイント
左肩の回りすぎを抑える!

矯正前
◎左肩が回ってしまう

基本のフォアハンドで打球するとき、右肩と一緒に左肩も回してしまうと、基本姿勢への戻りが遅れてしまいます。

矯正後
◎左肩が動きすぎない

フォア打ち練習では、できるだけコンパクトな動作で打球できるように心掛けます。打球後も卓球台に正対する体勢をキープするのが基本。左肩を必要以上に動かさないクセをつけましょう。

05

軸を確立するための打法

開脚打法

両足をできるだけ大きく開いたスタンスで打球。直立打法と同様にヒザは曲げない。

直立打法

両足を揃えて直立した"気をつけ"の姿勢で打球する。ヒザを曲げないように注意しよう。

こんな悪いクセを矯正!

◎カラダの軸が安定しない
◎無駄な動きが多い
◎腰に力が入りすぎる

直立や開脚など、さまざまなスタンスでの打球練習は、打球の際にカラダの回転軸がずれるクセを矯正します。不安定なスタンスで打球する場合、カラダのバランスを安定させるのは難しいものです。それでも安定させることができるようになれば、このときの重心が打球の際の回転運動の軸となります。自らの本来の軸を見つけることで、軸が矯正されるのです。また、「腰に力が入りすぎてしまう」「無駄な動きが多い」というクセもこの練習法によって、矯正できます。軸がしっかりと確立されたシンプルな打法を目指しましょう。そのほかにも、いろいろと工夫をしてやってみてください。

逆スタンス

ボールを腰の近くで打つことができる。カラダの回転の軸を意識しやすい打ち方でもある。

1本足打法（左足）

Nitta

左足１本で立った体勢でラリーをする。バランスを取るのが難しいが、右足は床に着地させない。右足１本打法にもトライしてみよう。

重心がぶれない美しいフォームを体得しよう

矯正ポイント
カラダの回転軸を固定しよう

打球時の重心移動は「後ろ足」→「前足」が正解です。逆になるとカラダの回転軸がずれてしまい、強い球を打てないので注意しましょう。

×
矯正前
◎軸がずれている

軸が安定しないため、打球後に重心が右方向に流れてしまっている。

○
矯正後
◎軸が安定している

矯正練習によってスウィングが安定。フォロースルー後も軸がずれない。

06 ランダム練習

フォア、バック関係なく、連続して早いタイミングで出されたボールを返球する。

ランダム練習とは、パートナーがランダムに供給するボールを打ち返す練習法です。パートナーは、フォア側からバック側まで無作為に速いボールを供給します。これは、オールラウンドな練習であり、以下の点が矯正されます。

①振りがコンパクトに
②ワイパー卓球の矯正
③戻りの大切さ
④スウィングはカラダの前から(基本姿勢に戻る)
⑤フリーハンドの使い方
⑥左肩が動かない
⑦反応、切り替えがスムーズに
⑧足が動く
⑨背筋、腹筋などの基礎体力がつく
⑩肩や腰に力を入れすぎない

ランダム練習は矯正練習として、非常に効果的です。

こんな悪いクセを矯正！
◎フォームが大振りになっている
◎基本姿勢への戻りが遅い
◎反応速度が遅い

スピードに対応できるフォームを目指せ!

矯正ポイント❶
フォームはコンパクトにしたい!

コンパクトにスウィングしないと、連続して返球できません。特にバックスウィングは小さく、ラケットがカラダよりも後ろに下がらないように心掛けましょう。

矯正前
◎大振りになっている

バックスウィングが大きすぎる。

矯正後
◎コンパクトにスウィング

バックスウィングはできるだけ小さく。

矯正ポイント❷
ヒジを引いて素早く基本姿勢に戻りたい

打球後はヒジをまっすぐに引いて、フォア、バックどちらにも対応できる基本姿勢に素早く戻りましょう。ワイパー卓球では、バック側へ打たれたときに対応できません。

矯正前
◎ワイパー卓球になっている

脇を空けてラケットを外側に戻すワイパー卓球。

矯正後
◎打ち終わったらすぐ基本姿勢に

ヒジをまっすぐ引いて、基本姿勢に戻る。

07

後ろから手を添えられて打つ

こんな悪いクセを矯正！

◎肩・手首に力が入っている
◎ラケットが寝すぎている

指導者、もしくは上級者に両手首をコントロールしてもらって、ラリーをします。パートナーには、肩や手首に余計な力が入っている状態がよく伝わります。パートナーになる人は、相手が力んで打球するたびに「力を抜いて」と指摘してください。練習を受ける人は、上級者のラケット角度や前腕の使い方、また、手首の使い方も実際に体験できるので、それらを吸収するように心掛けてください。

上級者のフォームを盗んで一気に上達!

矯正ポイント
力みを除き、柔軟にカラダを動かしたい!

上級者に手を添えてもらい、打球時のラケット角度を80〜90度に矯正してもらいます。適正なラケット角度で繰り返し打球して、良いクセを身につけましょう。

矯正前
◎力が入りすぎてラケットが寝てしまっている

力みがあると適正なラケットか角度を保てない。

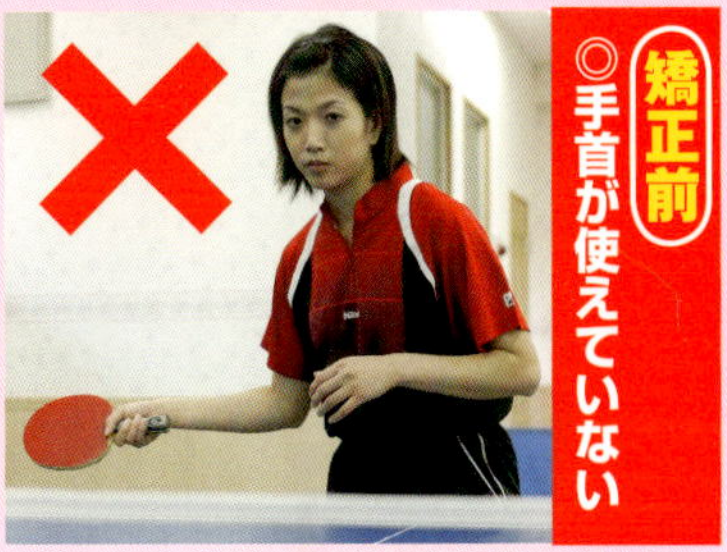
矯正前
◎手首が使えていない

力が入りすぎていて、手首を柔らかく使えていない。ラケットも上を向いてしまっている。

矯正後
柔らかい手首の動きでスウィング!

肩や手首に力が入りすぎてしまうのは、初心者に多く見られる悪いクセです。特に手首をガチガチに固めてしまうと、ボールをコントロールできません。また、上達してから、カット打ちやミート打ちにトライするときにも、手首を上手に使えずに苦労してしまいます。初心者のうちから柔らかい手首の使い方をマスターしましょう。

1

手首をまっすぐに伸ばして打球する。ラケット角度は80〜90度。

2

手首の力を抜いてコンパクトにスウィング。手首をこねてはいけない。

3

フォロースルー時のラケット位置はネットの白線よりも少し高めが目安。

4

打球後はヒジをまっすぐに引いてラケットを戻し、基本姿勢をとる。

良い失点と悪い得点

Column 5

得点の良し悪しは積極的か消極的か

当たり前の話ですが、卓球の試合では、自分が攻撃を決めれば1点入ります。相手がミスをした場合でもワンポイント得点できます。記録上は同じ1点です。しかし、その価値・内容には大きな違いがあるのではないでしょうか？

私の考える良い得点とは、自分から仕掛けて積極的に攻撃して奪った点。悪い得点は、消極的に相手のミスを待ってマークしたポイントです。

逆に失点にも〝良い〟〝悪い〟があります。自分から仕掛けて積極的に攻撃した末に失ったポイントは良い失点。凡ミスや消極的なプレイで奪われるのが悪い失点です。

試合後にゲーム状況を分析してみると、得点と失点の良し悪しがよく分かります。良い得点・失点が多ければ、負けてしまっても「良いゲームだった」と言えるでしょう。

普段の練習から自ら考えて行動する

将来的に実力を伸ばすためには、良い得点を増やして悪い失点を減らし、良いゲームをできるよう心掛けましょう。

初心者の段階で、目先の結果ばかりを求めてはいけません。

良い得点と悪い得点の境目は、積極的か消極的かという気持ちの在り方です。人に叱られたときを想像してみてください。積極的に自分で行動して失敗した場合には、叱られても「しょうがないな」と納得できます。しかし、消極的なミスを犯して叱られたら、嫌な気分になってしまいます。

普段の練習から、自分の考えで積極的に行動することが大切です。たとえば「どうやったら能率の高い多球練習をできるか?」と具体的に考えます。新入部員なら「どうやったらボール拾いがスムースにいくか」という問題でも構いません。積極的な考えが、卓球の実力を大きく伸ばしてくれます。

卓球の楽しさを知ってほしい

終章

Epilogue

いかがでしたでしょうか?

初心者の方が、早く上達するための基本テクニックを綴ってきました。本書で紹介した技術・練習法をひと通りマスターできたら早速、ゲームにチャレンジしてみましょう。

ゲームには練習とは違った卓球の面白さが詰まっています。相手との駆け引きや緊張感、勝利の快感。特に勝つ喜びを知ることで、卓球に対する興味はさらに広がります。

興味が広がったならば、本書で紹介しきれなかったような高等技術にもどんどん挑戦してください。卓球は、引き出し（チャンネル）が多い選手が有利な競技です。ひとつの状況で、より多くの選択肢を持てる選手を目指しましょう。

ただし、どんな高度な打法にトライするときも、本書で紹介した基本だけは疎かにしないでください。特に第2章「ライバルに差をつける基本ポイント」の5項目は、私が初心者を指導しているときの最重要事項です。例えば「手首の使い方」の基本ができなければ、どんなに練習してもカット打ちやミート打ち、払いはマスターできません。解説したテクニックは、「初心者の早期上達法」であると同時に、「上級者になるために必要な基本」でもあるのです。みなさんもスポーツ卓球の奥深い楽しさを知ってください。本書がそのきっかけになれば嬉しく思います。

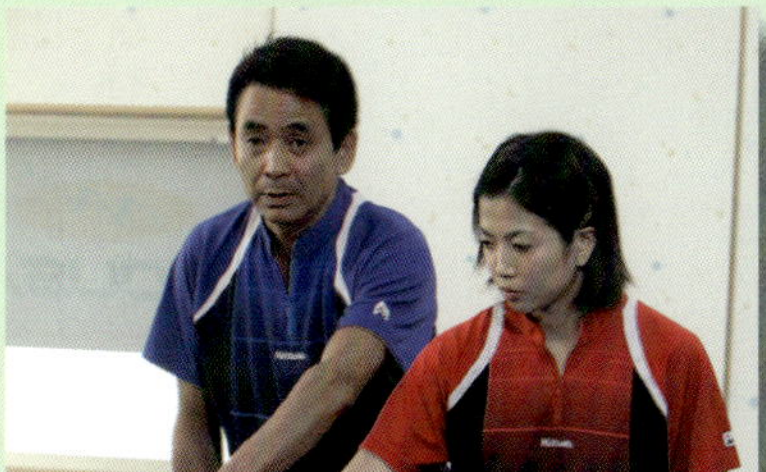

監修者紹介

多田《ただ》 進《すすむ》

1951年 1月22日、岩手県出身。県立東和高等学校、国士舘大学体育学部卒業。「親愛ムーサスクール」代表。中学校からラケットを握った選手を、短期間で全国レベルまで引き上げる「初心者指導の権威」。指導者としての主な戦績は、全国中学校卓球大会女子団体優勝（82年／足立区立第14中）、全国中学校選抜卓球大会男子準優勝（2002年／足立区立伊興中）、関東中学校卓球大会男子団体優勝 3 回、女子団体優勝 2 回、全国大会通算10回出場。「関正子杯小中学校卓球大会」の企画運営を行なうなど、卓球の普及にも努めている。07年度「第 8 回日本卓球人賞」の特別奨励賞受賞。

モデル紹介

湯《ゆ》原《はら》美《み》保《ほ》

1981年 8 月18日、神奈川県出身。主な戦歴は全日本選手権混合ダブルス 3 位（2002、03年）。ユニバーシアード（01年北京大会）の出場経験もある。

協　力

劉《りゅう》 婷婷《てぃんてぃん》

（日本卓球株式会社）

内田《うちだ》康裕《やすひろ》

（日本卓球株式会社）

MOUSA 親愛ムーサスクール

卓球のほか、バレエやピアノ、気功など、さまざまな教室を開いている施設。2007年11月に新規オープン、子供から高齢者まで多くの人が集っている。

〒120-0003
東京都足立区東和2-21-12
TEL 03-5697-5679
http://mousa.takkyu.ne.jp

短期間で絶対に上手くなる！決定版
勝つための「卓球」

2016年11月7日　初版第1刷発行

監　修	多田 進
構　成	近藤隆夫 田中周治
編　集	山田 隆 泊 由
写真撮影	真崎貴夫
表紙デザイン	土井敦史 (noNPolicy)
デザイン	吉田アキラ (C.B.super.spirits)
DVD 制作	株式会社タイムラインピクチャーズ
DVD 制作指揮	清末隆宏
ディレクター	管沼 誠
DVD オーサリング	株式会社ピコハウス
映像撮影	有限会社スーパーボム
協力	日本卓球株式会社
印刷・製本	大日本印刷株式会社
発行者	滝口直樹
発行所	株式会社マイナビ出版 〒101-0003 東京都千代田区一ツ橋 2-6-3 一ツ橋ビル 2F 電話　0480-38-6872(注文専用ダイヤル) 03-3556-2731(販売部) 03-3556-2735(編集部) http://book.mynavi.jp

※本書は、2009年4月に株式会社マイナビより発行された
『短期間で絶対に上手くなる！ 勝つための「卓球」新版』に一部修正を加えた再編集版です。

※価格はカバーに記載してあります。
※本書について質問等がございましたら、往復はがきまたは返信切手、返信用封筒を同封のうえ、（株）マイナビ出版編集第2部までお送りください。
※落丁本、乱丁本についてのお問い合わせは、TEL：0480-38-6872（注文専用ダイヤル）か、電子メール sas@mynavi.jp までお願いいたします。

ISBN978-4-8399-6113-8　C0075